Verlag von VEIT & COMP. in Leipzig.

DIE

# RECHTSSTELLUNG DER FRAU

## ALS GATTIN UND MUTTER.

**Geschichtliche Entwicklung ihrer persönlichen Stellung im Privatrecht bis in das achtzehnte Jahrhundert.**

Von

**Dr. Robert Bartsch.**

gr. 8. 1903. geh. 5 *M*.

# EHELICHES GÜTERRECHT
## IM ERZHERZOGTUM ÖSTERREICH
## IM
## SECHZEHNTEN JAHRHUNDERT

VON

DR. ROBERT BARTSCH

LEIPZIG
VERLAG VON VEIT & COMP.
1905

Druck von Metzger & Wittig in Leipzig.

# Vorrede.

Für die Geschichte des ehelichen Güterrechts in Österreich während des Mittelalters hat Richard Schröder (Geschichte des ehelichen Güterrechts in Deutschland II 1) die Grundlage geschaffen, für das 17. Jahrhundert gibt Ogonowski (Österreichisches Ehegüterrecht 91—108) eine hauptsächlich auf Beckmann gestützte Übersicht. Die dazwischen bestehende Lücke auszufüllen, ist der Zweck der vorliegenden Arbeit. Nicht nur der ununterbrochene Zusammenhang älterer und jüngerer Rechtszustände soll damit hergestellt werden, es erhält auch der Prozeß der Aufnahme des fremden Rechts und seiner Verschmelzung mit dem einheimischen Recht manchen Beitrag. Endlich dürfte auch die Wichtigkeit des in Form von Gesetzentwürfen vorhandenen reichen Materials zur österreichischen Privatrechtsgeschichte aus der vorliegenden Schrift erkannt und dessen Herausgabe als Bedürfnis empfunden werden.

Die Darstellung erstreckt sich auf das gesamte eheliche Güterrecht, doch wurde die Frage der Dotationspflicht außerhalb des Kreises der Untersuchung gelassen, weil diese nicht ohne gleichzeitige Bearbeitung der Frage des Erbverzichts adeliger Töchter behandelt werden kann.

Für die mir anläßlich dieser Arbeit erteilten Winke und Ratschläge erlaube ich mir, den Herren Universitätsprofessoren Hofrat von Amira (München) und Freiherrn von Schwind (Wien) an dieser Stelle den ergebensten Dank auszusprechen.

Wien, im Dezember 1904.

**Der Verfasser.**

# Inhalt.


Seite

§ 1. Quellen . . . 1

Erster Abschnitt. **Rechtsverhältnisse während der Dauer der Ehe.**

§ 2. Einleitung . . . 6
§ 3. Heiratsverträge . . . 8

I. Das Heiratsgut.

§ 4. Rechte des Mannes . . . 9
§ 5. Pflichten des Mannes . . . 15

II. Die Widerlage.

§ 6 . . . 30

III. Die Morgengabe.

§ 7 . . . 35

IV. Das Sondergut.

§ 8 . . . 38

V. Die Fahrhabe.

§ 9 . . . 48

Zweiter Abschnitt. **Rechtsverhältnisse nach Auflösung der Ehe.**

§ 10. Einleitung 48

I. Heiratsgut und Widerlage.

§ 11 . . . 49

II. Die Morgengabe.

§ 12 . . . 58

III. Die Fahrhabe.

§ 13 . . . 59

IV. Sonstige Ansprüche des überlebenden Ehegatten.

§ 14. Gesetzliches Erbrecht . . . 71
§ 15. Letztwillige Zuwendungen . . . 73

Seite

§ 16. Der Wittibstuhl . . . . . 74
§ 17. Abfertigung und Retentionsrecht . . . . 75
§ 18. Wiederverheiratung . . . . . 78

Dritter Abschnitt. **Abweichende Güterrechtsordnungen.**

§ 19. Einleitung . . . . . 81
§ 20. Widmung des Gesamtvermögens zur Ehesteuer . . . . 82
§ 21. Allgemeine Gütergemeinschaft . . . . 83
a) Gerönnte Ehe . . . . . 83
b) Andere Formen . . . . . 84
§ 22. Partikuläre Gütergemeinschaft . . . . 87
a) Mobiliargemeinschaft . . . . . 87
b) Errungenschaftsgemeinschaft . . . . . 87

## § 1. Quellen.

Das 16. Jahrhundert nimmt in der Geschichte des Privatrechts eine Doppelstellung ein: halb gehört es noch dem Mittelalter an, halb der neuen Zeit; halb ist es von kräftigen nationalen Rechtsgedanken erfüllt, halb ordnet es sich den Gedanken der in fremdem Recht geschulten Rechtswissenschaft unter; halb wahrt es eifersüchtig jedes Titelchen überkommener Privilegien, steigert die Macht der Stände, die Macht des Herkommens und der alten Gebräuche aufs äußerste, halb fördert es das Wachsen der Fürstenmacht, den Ausbau zentralistischer Staatseinrichtungen, die Bildung einer rechtsgelehrten Bureaukratie. Das Privatrecht, das die Stürme politischer Verhältnisse sonst nur wenig berühren, wird in den Strudel mitgerissen. Nicht der stillen ausgleichenden Tätigkeit der Wissenschaft und Praxis wird die Versöhnung der Gegensätze des einheimischen Landesrechts mit dem rezipierten gemeinen Recht überlassen, man macht es zum Gegenstand gesetzgeberischer Tätigkeit, indem allseits der Ruf nach einer Kodifikation laut wird. Und je nach der politischen Parteistellung der maßgebenden Faktoren ist die Erwartung verschieden, die man auf ein Gesetzbuch setzt. Der Landesfürst und seine gelehrten Räte wünschen, daß auch im Rahmen des Landesrechts das gemeine Recht möglichst zum Ausdruck komme, sie wollen alle Besonderheiten des Landesbrauchs in römische Formen kleiden, unter römische Begriffe bringen, in das römische System einreihen. Man will dem Landesbrauch einen Damm setzen, über den hinaus er nicht die Anwendung gemeinen Rechtes stören soll. Von ständischer Seite dagegen will man umgekehrt vor allem die Fortdauer des Landesrechts sichern, man will das Eindringen des römischen Rechts aufhalten und ihm durch endliche Festsetzung des einheimischen Rechts einen Riegel vorschieben. In vielen Territorien gelang das Werk, man schuf in den Landrechten des 16. Jahrhunderts die ersten Versuche einer einheitlichen Darstellung einheimischen und fremden Rechts. In Österreich kam die Arbeit nicht zu einem endgültigen Abschluß.[1] Der niederösterreichische Adel regte bereits im Jahre 1499 an, der Kaiser wolle durch seine Räte im Verein mit Abgeordneten der Stände „die notdürftigsten und trefflichsten Artikel" des Landrechts in einem Buch abfassen und zur Sanktion vorlegen lassen. (Motloch 553.) Aber erst im Jahre 1528 vermochten die Stände den kaiserlichen Kommissarien einen Entwurf unter dem Titel „Zaiger in das Landrechtpuech" vorzulegen.[2] Das dritte und letzte Buch enthielt das Privatrecht.

Das eheliche Güterrecht behandeln Titel 9: Von gemächt und verschreibung zwischen den chonleuten. Titel 10: Von heirat, heiratguetern, widerlegung und morgengab und desselben handlung, und Titel 17: Von den inventarien und beschreibungen varender haab und güeter. Aus derselben Zeit stammen die „Neuen Freiheiten" für die Stadt Wien (1526)[3], die jedoch nur in wenigen Punkten das Privatrecht betreffen, während dies bei den Polizeiordnungen von 1542 und 1552 für die fünf niederösterreichischen Lande (bezw. auch die Grafschaft Görz) in weit höherem Maße der Fall war.

Nach dem Tode Kaiser Ferdinand I. wurden die Verhandlungen mit den n.ö. Ständen wegen Errichtung einer Landesordnung wieder aufgenommen, und im Jahre 1573 wurde von dem n.ö. Regimentsrat Dr. Wolfgang Püdler ein neuer Entwurf unter dem Titel „Landtaffel oder landsordnung des hochlöblichen erzherzogthumbs

---

[1] Zu der folgenden Übersicht der Quellen siehe: Chorinsky, Beiträge zur Erforschung der österreichischen Rechtsquellen (Allgem. Österr. Gerichtszeitung 42. Jahrgang Nr. 3, 18 ff.) Derselbe, Das Vormundschaftsrecht Niederösterreichs 14 ff. v. Luschin, Österr. Reichsgeschichte S. 345 ff. Motloch, Art. Landesordnungen und Landhandfesten (im Österr. Staatswörterbuche von Mischler und Ulbrich II. Band 1. Hälfte 552). Derselbe, Carl Graf Chorinsky, Ein Nachruf (Mitteilungen der 3. Sektion der k. k. Zentralkommission zur Erforschung und Erhaltung der Kunst- und historischen Denkmale 4, 221 ff.)

[2] Zitiert als „Zaiger" nach einer auf Chorinskys Veranlassung autographisch vervielfältigten Abschrift einer Pap. Hs. XVI s. des NÖ Landesarchivs Cod. Mscr. Nr. 178. Die Paragraphe wurden anläßlich der Herstellung der Abschrift beigesetzt und erleichtern die Zitierung, indem Ziffern an Stelle der früher üblichen Anführung der Anfangsworte der einzelnen Absätze treten.

[3] Enthalten im Codex Austriacus II, 471—492.

Österreich under der Ennß 1573" dem Landmarschall überreicht.[1] (Motloch 557.)

Dieses Elaborat, das die später zu erwähnenden Waltherschen Traktate manchmal wörtlich widergibt, und in dem sich immer eine bis ins einzelne gehende, oft schwerfällige Kasuistik findet, behandelt das eheliche Güterrecht in dem 2. Buch, das von den Kontrakten handelt, und zwar in Titel 27: Von ehelicher zusambenfuegung, vermahelschaft und heuraten, und in Titel 28: Von heuratguetern, widerlegung, morgengaben, auch derselben aigenschaften, widerfällen, freihaiten und bedingnussen. Außerdem behandeln im 3. Buch, das dem Erbrecht gewidmet ist, die Titel 81—95 die Rechtsverhältnisse des überlebenden Ehegatten.

Mehrfache Umarbeitungsversuche blieben in den Anfängen stecken. Endlich war im Jahre 1595 auch diese Arbeit, die unter Leitung des Geheimen Rats Reichart Strein, Freiherrn von Schwarzenau und Hertenstein, durch Dr. Johann Bapt. Linsmayer geleistet wurde, vollendet. Im allgemeinen sind die Püdlerschen Weitläufigkeiten in glücklicher Weise abgekürzt, hin und wieder ist durch Zusätze eine deutlichere, präzisere Fassung der Hauptgedanken bewirkt. (Motloch 558 f.)[2] Vom Ehegüterrecht handelt der 17. Titel des 2. Buchs: Von eelicher zusamenfuegung und denen heirathvermachten; ferner auch der 12. Titel des 4. Buchs.

Im wesentlichen auf Püdler und Walther basiert die Landtafel des Erzherzogtums Österreich ob der Enns, die aus der Umarbeitung eines älteren ständischen Entwurfs durch Dr. Abraham Schwarz hervorgegangen und 1609 vollendet wurde. (Motloch 562.)[3] Sie behandelt das eheliche Güterrecht im 3. Teil: de contractibus und zwar Titel 37: Von heirathen, ehehandlung und mähelschaften, Titel 38: Von heirathsabreden, heirathgüetern oder ehesteuern, widerlag und morgengaben, Titel 39: Von sonderbaren freihaiten

---

[1] Zitiert als NÖ Ltf. nach der Sammlung Chorinsky (Pap. Hs. s. XVI. des juridisch-politischen Lesevereins in Wien. Rechtsw. 34).

[2] Zitiert als „Strein-Linsmayer" nach der Sammlung Chorinsky. (Autographisch vervielfältigte Abschrift einer Pap. Hs. saec. XVII. im Privatbesitze des Professor Dr. Luschin v. Ebengreuth.)

[3] Zitiert als OÖ Ltf. nach der Sammlung Chorinsky. (Autographisch vervielfältigte Abschrift einer Pap. Hs. saec. XVII. der bischöfl. Bibliothek zu Gleink Nr. 187.

der ehesteurn und das dieselben ohne sonderbare requisita nit mögen verändert werden. Titel 40: Von abfertigung der wittiber und wittiben nach aineß und deß andern tötlichen abgang. Dieser Entwurf, der gleich den vorgenannten, nie Gesetzeskraft erlangte, wurde trotzdem in den Gerichten angewendet und von der Literatur eingehend berücksichtigt.

Auf die Judikatur des 16. Jahrhunderts ist in der Literatur vielfach Rücksicht genommen. Ganz besonders kommt in Betracht: Suttinger († 1662), Consuetudines Austriacae ad Stylum Excelsi Regiminis infra Anasum olim accommodatae (Nürnberg 1718), eine nach alphabetisch gereihten Schlagworten angeordnete Sammlung von Entscheidungen der niederösterreichischen Regierung.

In der eigentlichen Rechtsliteratur nimmt der Zeit und Bedeutung nach für die österreichische Rechtsgeschichte des 16. Jahrhunderts Bernhard Walther († 1584) die erste Stelle ein.[1] Seine Traktate über das österreichische Gewohnheitsrecht, handschriftlich weit verbreitet, waren ein bemerkenswerter Versuch, das österreichische Recht wissenschaftlich zu verarbeiten und in konziser Weise darzustellen. Die Gesetzgebung schöpfte aus ihm, indem die Landtafeln ganze Kapitel wörtlich übernahmen, und in der Rechtsprechung galten Walthers Traktate wie ein Gesetzbuch. Gedruckt wurde eine unvollständige Sammlung von Traktaten unter dem Titel: Aureus juris Austriaci tractatus[2] als Anhang zu Suttingers Consuetudines, von denen namentlich der Traktat Nr. 3 (Wie es mit Abfertigung der Wittfrauen bey denen von Adel und Herrenstand nach Brauch des Ertzherzogthums Österreich gehalten wird) und Nr. 4: (De successione Mariti Uxore mortua. Was einem Wittiber nach Absterben seiner Hausfrauen aus derselben Verlassenschaft in liegend- und fahrenden Gütern erfolgen soll.) für das Güterrecht der Ehegatten in Betracht kommen. Ein im Geiste Walthers abgefaßter Traktat „Von heirathscontracten in gmain“, der sich auch in der Darstellungsform an sein Vorbild anlehnt,

---

[1] Siehe Motloch 556. Chorinsky, Das Vormundschaftsrecht Niederösterreichs 16 n. 9.

[2] Diese Sammlung wird einfach mit „Walther“ zitiert. Zitate aus anderen Werken Walthers finden sich zahlreich z. B. bei Finsterwalder. Wo ein solches Zitat benutzt oder wiedergegeben wurde, wird dies besonders bemerkt.

stellt besondere Formen von Güterrechtsverträgen nach oberösterreichischem Gewohnheitsrecht dar.[1]

Besondere Erwähnung verdienen noch vier Schriftsteller des 17. Jahrhunderts. Johann Heinrich Reutter, dessen Viginti quinque tabulae juridicae, quibus accesserunt variae differentiae juris communis et Austriaci (Regensburg 1654), zuerst eine konsequente Gegenüberstellung von Landesbrauch und gemeinem Recht versuchen; Johannes Weingärtler, der dasselbe in seiner Con- und discordantia juris consuetudinarii Austriaci supra Anasum cum jure communi (Nürnberg 1674) in der Titelfolge der Institutionen unternimmt; Benedikt Finsterwalder, dessen 4 Bände Practicarum observationum ad consuetudines Archiducatus Austriae Superioris accommodatarum sich durch umfassende Heranziehung der heimischen Gesetzgebung, Literatur und Judikatur auszeichnen und namentlich in den observ. 5—19 des 4. Buches das eheliche Güterrecht behandeln[2], und endlich Nikolaus Beckmann, der in seiner alphabetisch geordneten Idea juris Statutarii et Consuetudinarii stiriaci et austriaci cum jure Romano collati (Graz 1688) auch das steirische Gewohnheitsrecht heranzieht.

Wenn auch diese Schriftsteller erst dem 17. Jahrhundert angehören, so sind sie doch Zeugen für das Recht des vorhergegangenen Jahrhunderts, indem sie nicht nur ihre Ansichten auf Gesetze, Entwürfe, Traktate und Entscheidungen dieser Epoche stützen, sondern auch mit ihren Anschauungen vollkommen dieser Zeit angehören.

Von den Gesetzen benachbarter Gebiete kommen besonders das böhmische Stadtrecht (1579 zum Landesgesetz erklärt), die Tiroler Landesordnungen von 1532 und 1573, der Entwurf einer Salzburger Landesordnung von 1526 und die bayrische Reformation von 1518, in entfernterer Weise auch die kurfürstlich sächsischen Konstitutionen von 1573 in Betracht.

---

[1] Publiziert von Motloch in der Ztschr. f. RG. 34, 275 ff. nach einer Hs. der bischöflichen Bibliothek zu Gleink Cod. Mscr. Nr. 128. Zitiert als o.ö. Tr.

[2] Das 4. Buch erschien nicht erst, wie Chorinsky (Vormundschaftsrecht 17 n. 13) angibt, im Jahre 1762, sondern bereits 1703 in Salzburg.

## Erster Abschnitt.

# Rechtsverhältnisse während der Dauer der Ehe.

### § 2. Einleitung.

Das Güterrecht der Ehegatten ist fast durchwegs ein vertragsmäßiges. Die Quellen geben uns fast ausschließlich Interpretationsregeln für Heiratsverträge, zum Teil auch Dispositivvorschriften zur Regelung von Punkten, die in den Heiratsverträgen nicht berücksichtigt wurden und nur zum ganz geringen Teil Vorschriften für den Fall des Fehlens von Heiratsverträgen. Das stoffliche Überwiegen der Normen für das Vertragsgüterrecht im Verhältnis zu den Normen für das gesetzliche Güterrecht allein legt den Gedanken nahe, daß in der überwiegenden Mehrzahl der Fälle tatsächlich güterrechtliche Verträge geschlossen wurden, und wir finden diese Vermutung in den Quellen wiederholt ausdrücklich bestätigt. Es fällt uns nämlich auf, daß die Quellen sich veranlaßt sehen, die Gültigkeit der Ehe unter mehr oder minder deutlicher Beziehung auf das geistliche Recht auch für den Fall, daß kein Heiratsvertrag geschlossen wurde, besonders zu betonen, und daß man das Fehlen solcher Verträge nur bei dem Mangel jedes Vermögens seitens der Brautleute für möglich hält.[1]

So sagt die NÖ Landtafel II 28 § 1: Wiewohl ein christlicher ehestand ohn alle preutgab ehesteur und zupringen sein mag, so ist doch lantbreuchig und allenthalben gewönlich, das ein praut ihren preutigam ain heimbsteur . . . . verspreche etz;

Noch deutlicher spricht die OÖ Landtafel III 38 § 1: Ein rechte christliche ehe khann zwar auch ohne benennung gwißen heirathguetß, widerlag oder morgengab bestehen und creftig sein, jedoch weil gar selten dergleichen ehe (außer waß etwo gar arme persohnen zusamenheirathen) fürgehn und geschloßen werden, also ist von nöthen, daß auch von den heirathgüetern, widerlagen, morgengaben und waß deme anhengig gwißer und aigentlicher underricht, wie es damit zu halten, gegeben werde.

---

[1] Ebenso in Salzburg. Siegel, Das Güterrecht der Ehegatten im Stiftslande Salzburg. Wiener SB. 99, 82. Böhm. Mähr. Stadtrechte C. 33 § 1, vgl. Finsterwalder IV obs. 8 n. 10.

Vgl. dazu § 13: Da auch gleich der conleith ainß so armb were, daß eß nichts zur ehesteur oder widerlag zu vermachen hette, khann die ehe dannoch bestand haben.[1]

Die Gründe für diese Erscheinungen können zweifacher Art sein: einerseits ist es die Mannigfaltigkeit der individuellen Verhältnisse, für die ein gesetzliches, nur im Durchschnittsfall passendes eheliches Güterrecht nicht zutrifft. Das Überhandnehmen der Heiratsverträge und das damit verbundene Zurückdrängen des gesetzlichen Güterrechts ist damit ein Kennzeichen für den Übergang aus der typischen Regelung in die individuelle, einen allgemein kulturgeschichtlichen Prozeß, den wir im späteren Mittelalter überall finden, wenn er auch gerade auf dem Rechtsgebiet sich besonders deutlich zeigt.

Dieser Grund würde aber ein subsidiäres Güterrecht nicht ausschließen, er würde nicht ausschließen, daß eine gesetzliche Güterordnung existierte, die in denjenigen Fällen zur Anwendung kam, in denen die Parteien keinen Grund hatten, abweichende Vereinbarungen zu treffen. Daß aber die Parteien in allen Fällen, wo es Vermögensfragen gab, diese ausdrücklich regelten, weist darauf hin, daß das bisher geltende Güterrecht als den Anforderungen der Gerechtigkeit nicht mehr entsprechend angesehen wurde. Man trifft eben darum immer besondere Vereinbarungen, weil das, was sonst einträte, als ungerecht angesehen wird. Die ausschließliche Herrschaft gewillkürten Ehegüterrechts bedeutet also eine Überwindung des Entwicklungsstandpunktes des gesetzlichen Güterrechts.[2] Das gesetzliche Güterrecht ist sozusagen die ältere Schicht, auf der sich ein neues Güterrecht in Form des Vertragsmäßigen ablagert. Immer

[1] Fast wörtlich dasselbe sagt das Landrecht des Herzogtums Preußen von 1620, revidiert 1721 IV tit. 25 § 2. Vgl. Stryk ad Dig. 23, 3 § 1.

[2] Natürlich ist nicht jeder Heiratsvertrag eine Änderung des gesetzlichen Güterrechts, und insofern hat Heusler (Institutionen II 305 ff., 426 ff.) recht, daß Güterrechtsverträge nicht als Gegensatz des geltenden Gewohnheitsrechts, sondern als wichtiger Faktor der Fortbildung des Rechts zu betrachten sind. Aber gerade die Fortbildung beruht ja auf einer Änderung des bestehenden Rechtszustandes, und wenn man regelmäßig eine andere Ordnung festsetzt als die gesetzliche, so ist dies der Ausdruck einer sich vollziehenden gewohnheitsrechtlichen Änderung des Rechtszustandes, während nebenbei für den Fall der Unterlassung der Regelung, dem konservativen Charakter des Rechts entsprechend, eine ältere gesetzliche Ordnung stattfinden kann.

seltener werden die Punkte, wo die alte Schicht noch zutage tritt, bis sie gänzlich verschwunden ist.

Bei aller individueller Regelung ist aber natürlich nicht zu vermeiden, daß ähnliche Lebensverhältnisse zu ähnlicher Regelung führen. Aus derartigen gleichen Regelungen fließen aber gemeinsame Rechtssätze, Normen, die sich auf das vertragsmäßige Recht beziehen und dort Zwangscharakter annehmen, wo die Parteien einen Punkt zu regeln unterlassen haben. Diese Dispositivnormen bilden an sich einen Niederschlag aus dem Vertragsrecht, sie sind aber eine jüngere Schicht als das gesetzliche Güterrecht. Noch jünger, noch weniger fest geworden sind Bestimmungen, die sich als Interpretationsregeln für Verträge darstellen, sie wollen keine Lücken ergänzen, sie haben nicht den Zwangscharakter für offengelassene Punkte, sie wollen nur den vermutlichen Willen der Parteien fixieren. Sie gelten nicht, wenn sich aus andern Punkten ergibt, daß die Parteien ihre Festsetzung nicht beabsichtigt haben.

Geht man von diesen Gesichtspunkten aus an eine Untersuchung der Quellen, so findet man, daß sie, um bei dem gebrauchten Bild zu bleiben, einen ähnlichen Anblick wie geologische Karten gewähren; Schichten verschiedenen Datums, die Sedimente verschiedener Perioden sind zu einem scheinbar regellosen bunten Bild zusammengewürfelt. Ja auch für die Eruptivgesteine, die den normalen Schichtenaufbau stören, finden wir in der Rechtsgeschichte ein Analogon, es ist die Rezeption des römischen Rechts, das gerade im ehelichen Güterrecht unserer Periode verheerend wirkt, die Ausbildung lebenskräftiger Institute hemmt oder in fremde Bahnen lenkt.

## § 3. Heiratsverträge.

Zu einem regelrechten Heiratsvertrag gehört eine Einigung über Heiratsgut, Widerlage, Morgengabe, eventuell noch über die Fahrhabe.[1] Wenn wir die Fahrhabe von der Betrachtung ausschließen, ergeben sich damit, da jeder der Ehegatten noch ein Sondergut haben kann, das durch den Heiratsvertrag nicht berührt wird, fünf Vermögensmassen. Diese Vereinbarungen wurden regelmäßig vor Eingehung der Ehe in Anwesenheit von Zeugen, meist der beider-

[1] Zaiger III 10 § 2. Siegel 82 f.

seitigen Verwandten, getroffen, und durch eine ordentlich ausgestellte Urkunde verbrieft. Die von Siegel (S. 82) für Salzburg festgestellte Terminologie, wonach der Vertrag, wenn nur mündliche Abmachungen getroffen wurden, Heiratsbeschluß heißt, eine schriftliche Aufzeichnung Heiratsabrede, eine förmliche Urkunde dagegen Heiratsbrief, wird auch von unsern Quellen beobachtet. Z. B. Walther 3, 1 am Ende, NÖ Ltf. II 28 § 39 f., OÖ Ltf. III 38 § 25, Beckmann 191.[1] Der Heiratsvertrag wird regelmäßig vor Abschluß der Ehe vereinbart. Aber dies ist nicht notwendig, über Heiratsgut und Widerlage kann auch nach dem Beilager eine Vereinbarung stattfinden.[2]

## I. Das Heiratsgut.

### § 4. Rechte des Mannes.

Das Heiratsgut (Ehesteuer,[3] Heimsteuer[4]) stammt von Seite der Frau und ist entweder ihr eigenes Vermögen oder ihr von einem Dritten, dem Vater,[5] dem Dienstherrn[6] als Heiratsgut gewidmet. Dem Manne gegenüber ist es stets ein „Zubringen“ der Frau.

Die Größe des Heiratsguts ist der Vereinbarung der Parteien überlassen. (NÖ Ltf. II 28 § 18.) Gewohnheitsrechtliche Ansätze gibt es nicht. Ist ein Heiratsgut zugesagt, aber die Summe nicht festgestellt, so hat die Höhe nach den Standes- und Vermögensverhältnissen dem ortsüblichen Ausmaß entsprechend der Richter festzusetzen. (NÖ Ltf. II 28 § 19, OÖ Ltf. III 38 § 9.) Der gleiche Maßstab ist anzuwenden, wenn die Eltern[7] oder ein Dritter[8] testamentarisch ein Heiratsgut vermachen, ohne dessen Höhe festzusetzen.[9]

---

[1] Die Schriftform ist also konform dem gemeinen Recht nicht erforderlich; anders z. B. das preußische L.R. IV 15, 2 § 1 und die Hamburger Stat. II 2 art. 2; vgl. Stryk ad Dig. 24, 4 § 1.

[2] Zaiger III 10 § 8; NÖ Ltf. II 28 §§ 18, 39; OÖ. Ltf. III 38 § 5.

[3] OÖ Ltf. III 38 § 2.

[4] NÖ Ltf. II 28 § 1, auch „Brautschatz“ Finsterwalder IV obs. 8 n. 1. Beckmann 115.

[5] NÖ Ltf. II 28 § 60 ff.

[6] Zaiger III 10 § 13. NÖ Ltf. II 28 § 63.

[7] NÖ Ltf. II 28 § 20.

[8] NÖ Ltf. II 28 § 21.

[9] Über Salzburg siehe Siegel 87; vgl. auch Weingärtler 101.

Als Zweck des Heiratsguts wird die Tragung der ehelichen Lasten bezeichnet,[1] dazu erhält es der Mann. Der Charakter des Rechtes, das der Mann an dem Heiratsgut erlangt, wird in den Quellen nicht immer deutlich bezeichnet. Hin und wieder wird der Mann als Eigentümer des Heiratsguts bezeichnet; so im Zaiger III 9 § 2, wo er des „heiratsguets rechter herr" heißt, und noch deutlicher nennt ihn die OÖ Landtafel III 38 § 20 „dominus rei dotatae". Diese ausdrückliche Bezeichnung als Eigentum scheint jedoch nichts weiter als eine Entlehnung aus dem römischen Recht zu sein, in die Tiefe ist diese Auffassung nicht gedrungen, und regelmäßig werden die einzelnen Befugnisse des Mannes am Heiratsgut nicht aus dem Eigentum abgeleitet, sondern sie bilden den Inhalt eines besonderen dinglichen Rechts: des ehemännlichen Rechts.

Direkt gegen die Annahme eines Eigentums des Mannes spricht die NÖ Ltf. III 28 § 51, wo dem Mann auferlegt wird, das Heiratsgut „zu versorgen wie sein aignes gut"; ferner die Darstellung der männlichen Befugnisse in der OÖ Ltf. III 38 § 8, die das männliche Eigentum in diesem Zusammenhang geradezu erwähnen müßte. Vielleicht noch deutlicher ist die OÖ Landtafel in III 39 § 2: inmaßen dann auch so wenig ein ehefrau selbsten die ihrem mann zuegebrachte heiratgüeter bei ihrem leben und stehender ehe zu verkhaufen oder ohne ihres ehemannß zuegeben zu verhandlen macht hat. Demnach erscheint bei einer Veräußerung eines zum Heiratsgut gehörigen Stückes während der Ehe die Frau als Verkäuferin, der Mann als zustimmungsberechtigt, also gilt die Frau als Eigentümerin. Überhaupt ist ein Veräußerungsverbot für die Frau charakteristisch, das römische Recht kennt es nicht, weil die Frau als Nichteigentümerin ohnedies nicht in der Lage ist, das Heiratsgut zu veräußern. Vgl. auch NÖ Ltf. II 28 § 55. Von ausschlaggebender Bedeutung aber ist hier Walthers Crida-Ordnung (Tract. 6).

---

[1] Zaiger III 10 § 3: Alle die weil die gemeelten zwai ee und chonleut bei und mit einander leben, soll von solchem zuebringen deß heiratguet und widerlegung die purden des eelichen stands underhalten werden.

NÖ Ltf. II 28 § 1: ain haimbsteur von wegen ertragung cönlicher obligen, purden und ausgaben.

OÖ Ltf. III 38 § 8: sonderlich weil der mann die ehebeschwerden mit ernehrung weib und kinder tragen soll und mueß.

Vgl. Finsterwalder IV obs. 8 n. 4. Weingärtler 100.

Im Nachlaßkonkurs erscheint nämlich die Witwe nicht nur mit den in des Mannes Verwaltung gestandenen Paraphernen, sondern auch mit dem Heiratsgut als ausscheidungsberechtigt: Wann eine Wittib ihrem Hauswirth ligende oder fahrende Güter zum Heyrath-Gut oder außerhalb des Heyrath-Guts zugebracht hat, und daß solche Güter in ihres Hauswirths Verlassung befunden werden, also daß sich die Wittib darauf beziehen möchte, so ist sie nicht schuldig, sich mit den andern Gläubigern der Priorität oder Vorgangs halber in einige Disputation einzulassen, sondern ihr werden solche Güter als ihr Eigenthum, vor allen andern Gläubigern unverhindert, ob dieselben in Rechten befraget, oder ältere Verpfändung hätten, wiederum zugestellt.

Ebenso sagt die OÖ Ltf. in III 28 vom „Crida process" unter § 10: Da .... seiner frauen oder wittib heirath oder anderß vorbehaltneß guet oder der kinder erster ehe verfangene güeter noch in specie vorhanden, so gehören solche in dißе außthailung nit, sondern sein und bleiben ihren aigenthumbern. Endlich wird man auch folgende Stelle des Zaiger heranziehen dürfen: III 10 § 2. Solch hairatguet wierdet zu zeiten in ainem gelt baar bezallt .... zu zeiten auf gueter den man ausgezaigt und verschriben.

Nach dieser Stelle wird als Heiratsgut immer nur eine Geldsumme verstanden, die entweder dem Mann ausbezahlt wird, oder auf Gütern sichergestellt wird. Im zweiten Fall ist also das Gut gar nicht einmal das Heiratsgut selbst, sondern nur eine Art hypothekarischer Sicherstellung, und zugleich die ökonomische reale Unterlage für die zur Erleichterung der ehelichen Lasten bestimmten Nutzung. Das Heiratsgut selbst besteht in der Rente, die auf das Gut gelegt ist, selbstverständlich tritt ein Wechsel im Eigentum am Sicherstellungsgut nicht ein.[1]

---

[1] Auch die Theorie kann nicht umhin, so sehr sie auch römische Vorstellungen anzuwenden liebt, das Eigentum an der dos der Frau zuzuteilen. Weingärtler definiert (100) dos als jus in re, quod marito a muliere vel alio pro ea constituitur ad sustinenda onera matrimonii und kurz zuvor bemerkt er (99): fictione juris dotis dominium transit in virum. Finsterwalder (IV obs. 8 n. 5—6) doziert ganz entschieden: Bona dotalia — etsi patrimonium mulieris inque eius dominio veritate et naturali ratione inspecta remaneant, ad maritum tamen transferuntur et subtilitate juris aut potius fictione utilitatis

Von einem wirklichen Eigentumsübergang wird man nur in den Fällen sprechen dürfen, in denen die Restitution des Heiratsgutes in genere zu erfolgen hat, also vor allem in dem Fall, wo das Heiratsgut in barem Geld besteht (Zaiger III 10 § 2). Hierher gehört auch der Fall der dos aestimata, wo die Eheleute vereinbaren, daß nicht die übergebenen Sachen, sondern deren Wert das Heiratsgut bilden solle. Die OÖ Landtafel fügt jedoch die einschränkende Interpretation hinzu, daß eine Schätzung ohne diese ausdrückliche Vereinbarung dem Restitutionspflichtigen nur die facultas alternativa gewähre, statt des Gutes in natura dessen Wert zu leisten. (OÖ Ltf. III 38 § 17: Da nun ein heiratguet, ehesteur oder widerlag auf eineß ehegemahelß absterben von deßen erben oder sonsten wider erfordert, solch guet auch anfangs wie eß zu ehesteur geben worden aestimirt und angeschlagen worden, stehet eß bei demjenigen, so eß widergeben soll, ob er den werth darfür oder daß guet selbst widergeben wolle, es befünde sich dann außtrukhlich beredt, daz daß gelt oder werth darfür restituiert soll werden.)

In allen anderen Fällen, in denen das Heiratsgut in natura zurückzustellen ist, reduziert sich, wie erwähnt, das ehemännliche Recht auf ein allerdings ziemlich umfassendes dingliches Recht.

Was den Inhalt dieses Rechtes anbelangt, so besteht es in dem Anspruch auf Besitz, Verwaltung und Nutznießung und Vertretung.

1. Der Anspruch auf **Besitz** des Heiratsgutes äußert sich vor allem in dem Anspruch auf Übergabe (Zaiger III 10 § 2; vgl. über den Verzug ebenda § 11, NÖ Ltf. II 28 § 42), ferner in der Bezeichnung des Heiratsgutes als „Zubringen" (Zaiger III 10 § 1, NÖ Ltf. II 28 §§ 1, 55; OÖ Ltf. III 38 § 2; 39 § 2), endlich vor allem in der Restitution, aus welcher der Besitz des Mannes zweifellos hervorgeht. Irreführend könnte hier wirken die öfter wiederkehrende

---

causa pro domino dotis nempe quoad effectus quosdam dominii veluti fructuum perceptionem, administrationem, vindicationem etc. habetur, und ebenso **Beckmann** (114): habeat (sc. maritus) in illa (sc. dote) dominium civile, dominio naturali dotis penes uxorem semper remanente. Hier finden wir also schon die später so häufig angewendete Distinktion, dem Satz des römischen Rechts, den man als jus civile erklärt, die deutsche als gerechter angesehene Anschauung als jus naturale entgegenzustellen. In letzter Linie geht diese Distinktion auf c. 30 C. 5, 12 und auf Cujac. obs. X 32 zurück.

Erwähnung, daß die Frau nach des Mannes Tod eine Zeitlang bis zu ihrer Abfertigung im Besitze des Nachlasses bleibe, man könnte daraus schließen, daß die Frau schon bei Lebzeiten des Mannes im Besitze des Heiratsgutes sei, allein aus dem Wortlaut dieser Bestimmungen geht klar hervor, daß es sich in diesem Falle nicht um den Besitz von Gütern handle, die schon vorher im Besitze der Frau waren, sondern im Gegenteil um Güter, die im Besitze des Mannes waren. Es heißt nämlich bei Walther 3, 1: Ein Wittib ist ihres verstorbenen Hauswirths verlassene Haab und Güter seinen Erben abzutretten nicht schuldig, sie werde dann zuvor von ihnen ihres Vermächts und Zustellung ihres Heyrath-Guts, Widerlag, Morgengab oder geschenckten Guts auch der fahrenden Haab und andern Vermögen ihres habenden Heyrath Briefs gäntzlich abgefertigt, .... ebenso NÖ Ltf. III 85, OÖ Ltf. III 40 § 2; OÖ Ltf. III 38 § 21: Und dieweil wie obgemelt die nutzung deß heirathguetß dem mann völlig zuegehört, so volgt, daß nit genueg sei, daß ein heirathguet nur benent sei, sondern daß auch solcheß wirkhlich müeße bezalt werden.

2. Die Nutznießung steht dem Manne uneingeschränkt zu. Durch den Nutzen des Heiratsguts erhält er den Beitrag zur Tragung der ehelichen Lasten (Zaiger III 10 § 3). Aber nicht nur die Früchte fallen ihm zu, sondern jeder, auch der außerordentliche zufällige Zuwachs des Heiratsguts gehört ihm.[1] Eine selbstverständliche Folge des Rechtes auf die Nutzungen ist es, wenn der Mann weder während der Dauer, noch nach Beendigung der Ehe Rechnung zu legen braucht, und das Recht auf die Nutzungen geht so weit, daß er die entgangenen Nutzungen noch nach Beendigung der Ehe anläßlich der Restitution in Rechnung stellen darf.[2] Am schärfsten drückt wieder die oberösterr. Landtafel das Verhältnis aus (III 38 § 8), wobei der Gedanke der vormundschaftlichen Gewere klar zutage tritt: ... umb welcher ehe beschwärten willen dann der mann so lang die ehe werth auch die völlige administration und nutzung deß heirathsguetß haben und gwinen thuet, dergestalt daß solche abnützung deß heirathguetß nit beßert noch dem weib zuegelegt wirdt, son-

[1] Hierin liegt ein Nachklang des Grundsatzes der alten vormundschaftlichen Gewere, daß Frauengut nicht wachse. OÖ Ltf. III 38 § 20. NÖ Ltf. II 28 § 53.

[2] NÖ Ltf. II 28 § 52.

dern alß ein gewunen guet, darüber der mann niemand rechnung oder erstattung zu thuen schuldig gehalten, so gar da er auch durch deß weibß oder ihrer befreündten unfüegliche verhinderung solcheß heirathguetß nit genüeßen hette khünen, er solche hinterstellige nutzung bei der restitution von dem guet abzuziehen und ihnen zu behalten befuegt sein solle.

In Zusammenhang mit diesem Rechte des Mannes auf die Früchte steht es, daß er das Heiratsgut nicht pachten kann. NÖ Ltf. II 7 § 2: Ein eheman kan seiner ehefrauen heuratliche gueter, res dotales genant, nit bestehen, dann er hett dieselben von wegen der conlichen burden, welche er ohn entgelt seiner ehefrauen tragen mueß, ausser ainiges bestants als lang die ehe wert sonsten zu geniessen. Wohl aber ist ein Pachtverhältnis an dem Sondergut der Frau möglich, an welchem dem Mann kein Nutzungsrecht zusteht (NÖ Ltf. ebenda).[1]

3. Endlich gehört dem Manne die Vertretung des Heiratsguts nach außen hin, namentlich vor Gericht, er ist aktiv und passiv Prozeßpartei in Streitigkeiten um das Heiratsgut. Darin sind die Quellen einig, aber innerhalb dieses Rahmens zeigt sich eine fortschreitende Entwicklung.

Der Zaiger bestimmt in III 9 § 2: Das weib hat nicht macht zu clagen umb das heiratguet ôn des manns sonder wissen und bevelch, dann der hauswirt des heiratguets rechter herr ist. Tenor und Begründung dieses Satzes passen offensichtlich nicht zusammen. Wäre der Mann tatsächlich Eigentümer des Heiratsgutes, dann könnte die Frau gar nicht in Frage kommen als Klägerin in Heiratsgutssachen. Sie könnte höchstens als Bevollmächtigte des Eigentümers auftreten oder Sicherungsmaßregeln für ihren Rückforderungsanspruch ergreifen. Davon ist aber hier dem ganzen Zusammenhang nach nicht die Rede. Insbesondere aus den unmittelbar folgenden Be-

---

[1] Vgl. damit die Tiroler LO. III 1, wonach das ehemännliche Recht auf Besitz und Genuß sich auf das gesamte Frauengut erstreckt; dasselbe war in Salzburg der Fall. Siegel 86. Ebenso nach sächsischem Recht. Wesenbeck ad Dig. 23, 3 n. 11. Stryk ad Dig. 23, 3 § 7. Carpzov, Jurisprudentia forens. III 25 def. 6 n. 5. Manche sächsische Schriftsteller wollen sogar überhaupt keinen Unterschied zwischen Dos und Parapherna erkennen und erklären alles zugebrachte Gut der Frau für Dos, so Schilter, Praxis in foro Germ. ex. 36 th. 77.

stimmungen, daß die Frau im Falle eines Mißbrauchs, den der Mann mit dem Heiratsgut treibt, und ebenso im Fall der Insolvenz des Mannes ohne weiteres gegen Dritte das Heiratsgut vindizieren kann, ersieht man, daß die obenstehende Bestimmung, daß der Frau die Klage fehle, nur als Beschränkung der Frau in einem Recht, das ihr sonst zustünde, aufzufassen ist.

Also prinzipiell steht auch für das Heiratsgut der Frau die Klage zu, allein die besondere Stellung des Mannes zu diesem Gut bringt es mit sich, daß sie zur wirklichen Klageanstellung regelmäßig der Zustimmung des Mannes bedarf. Ein Klagerecht des Mannes erwähnt der Zaiger nicht.

Die NÖ Landtafel kennt ein solches, allein unter dem Gesichtspunkte der Pflicht, indem sie dem Mann die „Scherm"pflicht, d. i. die Pflicht für die Frau einzutreten, wie ein Verkäufer für den Käufer im Eviktionsprozeß, auferlegt: II 28 § 49: „Ein ehemann ist dem lantsbrauch nach schuldig, sein ehefrauen umb das heuratvermacht zu schermen inner oder ausser gericht, so oft es nott thuet."

Erst die OÖ Landtafel (III 38 § 28) spricht deutlich dem Mann ein Recht auf gerichtliche Vertretung zu: Wann auch daß heirathgut strittig worden, stehet dem ehemann und nicht der frauen die clag und defension zue.

Den Grund für dieses Vordringen des ehemännlichen Rechtes, das dem allgemeinen Zug der Rechtsentwicklung zuwiderläuft, die sonst die Fesseln einer männlichen Vormundschaftsgewere zu lockern oder ganz zu beseitigen bestrebt ist, erklärt sich wohl aus dem Vorbild des römischen Rechts. Dort steht dem Mann die gerichtliche Vertretung der Dos zu, weil er deren Eigentümer ist; man macht damit im österreichischen Recht nicht völlig Ernst, man läßt es beim „Landsbrauch" bewenden, nur in einigen Punkten, so auch hier, bequemt man sich dem römischen Recht an.

## § 5. Pflichten des Mannes.

Den Rechten des Mannes am Heiratsgut stehen Pflichten gegenüber. Der „Schermpflicht" wurde soeben Erwähnung getan. Dazu tritt die Diligenzpflicht. Der Mann hat bei Verwaltung und Benutzung des Heiratsguts dieselbe Sorgfalt anzuwenden, wie bei eigenem Gut. NÖ Ltf. II 28 § 51: Deßgleichen ist er pflichtig, die heuratlichen güeter so erbarlich vleissig und treulich zu versorgen als sein aignes guet. thett er aber solches nit, so soll er allen schaden, welcher aus unvleiß oder fursezlicher gefahr ervolgt büessen und abtragen.

Diese Norm ist offensichtlich dem römischen Recht nachgebildet (diligentia quam suis). Ein Schaden, der durch Nichtbeachtung dieser Pflicht entsteht, ist von dem Mann anläßlich der Restitution des Heiratsguts zu ersetzen. Zufälligen Schaden braucht er nicht zu ersetzen. Diese Bestimmungen gelten natürlich nur für den Fall, daß die als Heiratsgut gegebenen Sachen nicht als dos aestimata gelten.[1] Liegt eine dos aestimata vor, dann hat der Mann die Gefahr für jeden, auch zufälligen Schaden zu tragen, der die übergebenen Sachen trifft.

Neben die Ersatzpflicht wegen schuldhafter Beschädigung tritt ein noch viel wirksameres deutschrechtliches Schutzmittel der Frau, die Entziehung von Besitz und Genuß des Gutes. Wir finden namentlich für den Fall, daß der Mann sich durch sein Gebahren außer stande setzt, die seinerzeitige Restitution zu leisten, also besonders bei Verschwendung, Liederlichkeit und anderen zur Insolvenz führenden Umständen, daß ihm der Besitz und Fruchtbezug entzogen wird, damit einerseits der Frau die Substanz gewahrt werde, anderseits der Unterhalt aus den Früchten während der weiteren Dauer der Ehe fließe.

Der Zaiger und die OÖ Landtafel. geben in diesem Fall Besitz, Verwaltung, Genuß und Klagen der Frau selbst. Zaiger III 9 § 2: ob aber der man verderben wollt und sein guet plößlich' gebrauchet oder sovil schuldig wäre, daz er von der ubermas

---

[1] OÖ Ltf. III 38 § 18: Da auch ain gwißes stuckh oder guet ungeschäzt zum heirathguet geben und solcheß in stehender ehe durch farläßigkhait saumbnuß und schuld deß inhabers geärgert, verderbt und schwëcher gemacht wirdt, ist er solchen schaden auch wider zu erstatten und zu bezahlen schuldig. § 19. . . . da aber solche heirath- und widerlagguеter (welche am gelt wie obstehet nit angeschlagen noch aestimirt) schaden oder nachtheil ohne des inhabenden thailß schuld oder fahrläßigkheit empfangen hetten, ist er solchen zu erstatten und zu büeßen (nit fehlt in der Hs.) schuldig.

heiratguet und widerlegung nicht zu bezallen hat, hat das weib wol macht zu handlen und zu clagen, damit ir heiratguet und gemächt unverkhumert beleib gegen dem mann, wo er nicht zu bezallen hat. soverr er aber nichts hat, alßdann mag si gegen anderen, die sein guet erkhauft oder in ir gwalt bracht nach aufrichtung des gemächts oder gegen des manns schuldner clagen, inmassen si darumben zu clagen macht het, wo der man mit todt vergangen wäre. . . . si hat auch nicht macht, wo sie solch vermacht guet erlangt, dasselb zu verkhumern oder zu verkhaufen, sonder sich den haußwirt und khind davon zu underhalten, und was von derselben frucht und nutzung uber die notturft ist, davon sollen die glaubinger entricht werden.

Ähnlich bestimmt die OÖ Ltf. III 38 § 15: . . . jedoch so er der mann ubel hauset und der ehe bößlich vorstehet, also daß er in armueth schulden und verderben geriethe, hat die frau auf vorgehende beweißung auch in zeit wehrender ehe ihr heiratguet sambt der verschribnen wittiblichen underhaltung zu ihrer und ihrer beeder underhalt zu gebrauchen und zu erfordern.

Man vergleiche damit die Bestimmung der Tiroler LO. III. 1 für den Fall, daß einer der Gatten sich weigert, die eheliche Gemeinschaft zu halten: thuets der Mann, so soll er, so lang und so vil er sich abschwaiff macht, deß Weibs Guet nit mehr fähig, sondern die Fraw ihre Güeter selbs niessen und brauchen mögen.

Einigermaßen anders ist es nach der Niederösterr. Landtafel geordnet. Nicht die Frau selbst verwaltet das Heiratsgut, sondern es wird ein Sequester bestellt; NÖ Ltf. II 24 § 7 . . . wann der ehemann also verthuelich, das sich sein ehefrau der verschwendung ihrer heuratlichen zubringen zu bevaren, so mögen dieselben zugebrachten gueter zu dritter und treuer hant gelegt und die ehefrau von der ertragenden nutzung, biß sich zwischen ihnen der todfall begibt, underhalten werden.[1]

Während wir in bezug auf die Diligenzpflicht eine ziemliche Anlehnung an das römische Recht finden, zeigt sich eine viel größere Selbständigkeit unserer Quellen in bezug auf die Sicher-

---

[1] Vgl. hierzu die Bayr. Ref. (1518), wonach auf Ansuchen der Frau eine Kuratel über den Mann einzusetzen und Heiratsgut und Widerlage sicherzustellen sind (44, 5 und 6). Über Salzburg siehe Siegel 95.

stellung der Frau durch Pfandrecht und Veräußerungsverbot. Nach römischem Recht sind es Institute, die wohl den gleichen Zweck verfolgen, aber unter sich in keinem Zusammenhang stehen. Das eine, das Veräußerungsverbot, bezieht sich auf die in natura zurückzustellenden Dotalsachen, die damit der Verfügungsgewalt des Mannes entzogen werden, das andere, das Pfandrecht der Frau, erstreckt sich ex lege auf das gesamte Vermögen des Mannes, ohne diesem ein Veräußerungsverbot aufzuerlegen. Er kann Stücke seines Vermögens ungehindert veräußern, nur bleiben sie eben mit der Generalhypothek zugunsten der Gattin belastet.

Im österreichischen Recht des 16. Jahrhunderts sind diese beiden Institute eigentümlich kombiniert. Zwei deutschrechtliche Gedanken aus älterer Zeit mögen dabei mitgewirkt haben, einmal daß dem Pfandschuldner die Veräußerung des Pfandes nicht zustehe und zweitens, daß die Veräußerung liegender Güter von den Ehegatten mit gesamter Hand vollzogen werden müsse.

Was den Umkreis der zur Sicherheit der Frau dienenden Güter anbelangt, so beschränkt man sich durchaus nicht unter allen Umständen auf die gesetzliche Generalhypothek, sondern in erster Linie entscheidet der ins Belieben der Ehegatten gestellte Inhalt des Heiratsbriefes. Der Mann ist gesetzlich verpflichtet, der Frau für das empfangene Heiratsgut Sicherheit zu leisten. Hat er diese Sicherheit nicht im Heiratsvertrag bestellt, so ist er verpflichtet, sie auf Verlangen der Gattin auch später zu leisten. OÖ Ltf. III 38 § 26: So nun in fürkhomenden heirathbrief ain gwiße versicherung auf ainen oder andern fahl zu finden, so bleibt es bei derselben. wann aber in dem heirathsbrief khain versicherung begriffen, so sein doch die conleith gegen ainander, vorderist der ehemann, auf begern solche zu laisten schuldig. Vgl. Zaiger III 10 § 2.

Diese Versicherungspflicht geht so weit, daß sie auch die Versicherung auf Lehen mit Konsens des Herrn zuläßt, wenn das Allodialvermögen des Mannes zur Sicherstellung nicht hinreicht (NÖ Ltf. II 28 § 45 und III 90, OÖ Ltf. III 38 § 27).[1] Siehe auch Weingärtler 101 und Walther 3, 9. Diese Sicherheitsleistung

---

[1] Vgl. bayr. Ref. 45, 2; ferner Stryk ad Dig. 23, 3 § 8 und Lauterbach ad Dig. 23, 3 § 24.

kann durch „Verweisung", „Versicherung", „Vergwißung" auf bestimmten Gütern des Mannes, also durch ein vertragsmäßiges Spezialpfandrecht, oder durch Versicherung auf dem gesamten Vermögen des Mannes geschehen. NÖ Ltf. II 28 § 48: Die verweisung und versicherung der heuratlichen vermecht geschicht entweder auf allen des ehmans haab und güetern oder aber auf einem special haab und guet wie sich dessen die thailen bei der heüratsabredt verglichen. Ebenso OÖ Ltf. III 39 § 4, und das gleiche geht aus Walther 3, 1 hervor. Vgl. auch Beckmann 115.

Eine Ergänzung dieser Normen entnehmen wir aus dem durch Walther überlieferten Gewohnheitsrecht, indem er von dem Retentions- und Nutzungsrecht der unabgefertigten Witwe an dem Vermögen des Mannes berichtet (3, 1), daß es dann „undisputirlich" statthabe, „wann der Wittib um ihr Vermächt all ihres Hauswirths Haab und Güter solcher massen verpfändt und verschrieben seynd, daß sie die biß zur Abfertigung inn haben, nutzen, geniessen und gebrauchen möge, und dieselbe vor der Abfertigung abzutretten nicht schuldig seye, wie dann gemeiniglich die Heyraths-Brief bey denen vom Herrn-Stand mit solcher Clausul gestellt und aufgericht werden; im Fall aber, da gleich in einem Heyraths-Brief die jetztbemeldte Clausul nicht begriffen, sondern gäntzlich ausgelassen wäre, so vermeynen etliche Lands-Leut, daß die Wittib nichts destoweniger bey Innhabung und Nutzung der Güter, allermassen als ob die Clausul darinnen begriffen wäre, biß zu ihrer Abfertigung gelassen werden solle." Fast wörtlich ist diese Stelle in der Niederösterr. (III 84 § 2) und in der Oberösterr. Landtafel (III 40 § 2) übernommen, nur fehlt natürlich die Bemerkung, daß das die Meinung etlicher „Lands-Leut" sei.

Der Sinn der in den zitierten Stellen niedergelegten suppletorischen Bestimmung ist nicht ganz klar, weil nicht ganz sicher ist, was die etwa fehlende „Clausul" enthalten sollte. Wenn diese „Clausul" die Verpfändung des gesamten Vermögens des Mannes betroffen hätte, würde die Stelle sagen, daß der Frau auch dann, wenn der Heiratsbrief keine Generalverpfändung (und wie aus dem Zusammenhang sich ergibt, auch keine Spezialverpfändung) enthält, ein Generalpfandrecht zusteht, daß also suppletorisch die hypotheca tacita des römischen Rechts gelte. Hiermit würde übereinstimmen, daß die gesetzliche Generalhypothek von der Praxis anerkannt war (siehe Suttinger 338f., wo in Sachen des Pfandrechts der Frau ein Gutachten der Stände vom Jahre 1555 überliefert ist, ferner daselbst 340 f., wo eine Reihe von Urteilen aus den Jahren 1598 bis 1638 angeführt ist, die das gesetzliche Pfandrecht der Frau voraussetzen).[1]

Allein dem Wortlaut entspricht mehr eine engere Auffassung der Sätze Walthers, wonach eine Generalverpfändung auf jeden Fall vorliegt, und der Inhalt der „Clausul" nur die Bestimmung ist, daß der Witwe bis zur Abfertigung das Retentions- und Nutzungsrecht zustehen solle. Diese Nutznießung soll aber der Witwe auch bei Fehlen der Klausel zustehen, und das bedarf allerdings besonderer Erwähnung, weil aus dem Pfandrecht an sich nach gemeinem Recht keine Nutznießung entsprang. Diese Nutznießung selbst aber, die der Frau zusteht, wenn ihr ein Generalpfandrecht am Vermögen des Mannes zusteht, ist nichts weiter als eine bis zur Auseinandersetzung mit den Erben dauernde Fortsetzung der ehelichen Gemeinschaft, die, wie wir sofort sehen werden, bei der Generalverpfändung des Mannesgutes von besonders inniger, in gewissen Beziehungen sich einer Gütergemeinschaft nähernder Art war.

Daß aber neben diesen vertragsmäßigen General- und Spezialpfandrechten auch die römische gesetzliche Generalhypothek anerkannt war, geht aus den Quellen klar hervor. Außer der in der Note[1] angeführten Stelle des Zaiger und den bei Suttinger angeführten Gutachten und Entscheidungen kommt namentlich in Betracht die Niederösterr. Landtafel in II 16 § 6: Ein rechtlichs underpfant aber fleust auß des schuldners und seines gleubingers wilkuhr nit her, sondern wirdt von denen geschribenen kaiserlichen rechten aus vernunftigen und billichem bedenkhen verordnet: ... § 8: Zum andern wann ein ehemann von seiner ehefrauen ein geheurat guet empfangt, so seindt seine gueter der ehefrauen desgleichen ihren erben nachkomben und allen getreuen inhabern des heuratbriefs tacite verpfendt.

---

[1] Auch der Zaiger sagt III 10 § 16: wo nicht (sc. Spezialverpfändung stattfindet) . . . so ist all des mannsguet schweigent dem waib darumb verpfendt aus fraiung des rechtens.

[2] Näheres über dieses Retentionsrecht siehe unten § 17. Vgl. übrigens Siegel 101, Beckmann 560, Ogonowski 102.

In der OÖ Landtafel findet sich aber eine ausdrückliche landesfürstliche Bestätigung der gemeinrechtlichen Sätze (III 39 § 1): Demnach under andern guetthaten, so dem weiblichen geschlecht zum bessten im rechten geordnet, auch dises versehen, daß sie nit allain wegen ihres zuegebrachten heirathguets und widerlag vergwisst werde, alß daß der mann dasßelbige zu alienirn und zu verändern nit macht hat, sondern auch deroselben zuegebrachten heiratguetß halber alß bald in deß mannß güeter und vermögen tacitam hypothecam und pfandsgerechtigkheit vor andern glaubingern erlangt, so sollen sie auch bei solcher freiheit und guetthat von landßfürstlicher obrigkheit wegen gnediclich erhalten und von allen obrigkheiten geschuzt werden.

So sehen wir mehrere Arten von Versicherung der Frau: vertragsmäßig entweder durch General- oder Spezialpfandrecht und daneben das gesetzliche Generalpfandrecht. Die Wirkung all dieser Pfandrechte ist sehr verschieden und wir werden zunächst diese betrachten müssen, bevor wir die Frage zu beantworten versuchen, ob das gesetzliche Pfandrecht neben die vertragsmäßigen, also namentlich neben ein vertragsmäßiges Spezialpfandrecht tritt, oder ob es bloß suppletorisch für den Fall eintritt, daß eine vertragsmäßige Sicherstellung unterblieben ist.

Das vertragsmäßige Spezialpfandrecht entzieht das verpfändete Gut der Verfügung des Mannes. Die NÖ Ltf. II 28 § 48 sagt nämlich: „dasselb specialguet kan der eheman als seiner ehefrauen richtigs underpfant in keinerlei weiß noch weg alienirn, verhandlen oder verkombern, es wolle sich dann die ehefraw guetwillig solches ihres habenden pfant nach lantsbrauch begeben.

Dieses Veräußerungsverbot ist eine Folge des Pfandrechts, denn nach österreichischem Recht ist das Pfand unveräußerlich, Veräußerung des Pfandes mit Zustimmung des Gläubigers macht das Pfandrecht erlöschen. NÖ Ltf. II 14 § 40: Welcher glaubinger in die alienation seines underpfant bewilligt, es geschehe gleich die alienation durch contract oder lezte willen, der begibt sich dordurch seiner darauf habenden gerechtigkait.[1]

---

[1] Vgl. dazu ebenda II 15 § 16: Der schuldner kan sein verseztes underpfant nit verkaufen, allein es bewillige der glaubinger darein oder es werde der glaubinger von derselben kaufsumma würklich betzahlt. Eine Wirkung

Den gleichen Grundsatz hält auch die OÖ Landtafel fest, III 39 § 5: Da aber die versicherung auf gwißen stuckhen und güetern verschriben und geschechen, so khann der ehemann, ungeacht die frau gleich ihren willen darein geben wolte, dieselben verschribene güeter anderer gstalt nit allienirn noch verändern, eß sei dann sach, daß er sie ersstlich anderwerts zu gniegen zuvor versichere.

Außer dieser anderweitigen Sicherstellung fordert die OÖ Landtafel noch eine Reihe weiterer Momente, nämlich die Frau muß durch die Obrigkeit der „hochen Gfahr“ eines Verzichts erinnert werden (§ 6), sie muß sodann auf ihr Pfandrecht verzichten (§ 7) und diesen Verzicht durch einen Eid bestätigen (§ 8). Erfolgte die Renunciation aber nicht vor der Obrigkeit, sondern bloß vor den nächsten Verwandten der Frau, dann muß sie nach zwei Jahren wiederholt werden (§ 9).

Folge einer Nichtbeachtung dieser Vorschriften ist Ungültigkeit der Veräußerung und ein Revokationsrecht der Frau. OÖ Ltf. III 39 § 9: sonsten da dise notwendige requisita nit darzue khomen, oder auch nur ainer mangelhaft erwisen werden khann, ist die alienation oder veränderung der güeter, darauf ein ehefrau, wie oben vermeldt, verwisen und versichert worden, allerdingß uncrăftig. eß stehet auch bei ihr und ihren erben in alweg bevor, solche veränderte güeter von allen und jeden inhabern wider zu vindicieren und zuruckh zu ziehen, darzue ihnen auch alle und iede obrigkheiten auf anruefen schleinige hilf und außrichtung erzaigen sollen.

Dadurch rückt ein Spezialpfand dem Heiratsgut selbst sehr nahe. Denn auch auf dieses erstreckt sich das Veräußerungsverbot; die NÖ Landtafel bestimmt nämlich in II 1 § 3: Wann ein ehemann seiner ehefrauen zugebrachte heuratliche ligünde haab und gueter, so res dotales genant werden, verkaufen wolt, solle dieses, obgleich die ehefrau darinnen verwilligt, auß sondern beweglichen ursachen verbotten sein.

---

des Veräußerungsverbotes ist es auch, daß sich ein Generalpfandrecht, das der Mann einem Dritten bestellt, nicht auf die „Heiratgüter“ erstreckt: „dann obgleich ein ehemann alle seine haab und gueter verpfenden thett, so wer doch darunter die gueter, welche ihme sein hausfrau verheürat, nit begriffen. NÖ Ltf. II 14 § 27; ähnlich OÖ Ltf. III 39 § 14.)

Während wir hier die Beschränkung auf den fundus dotalis wie im römischen Recht finden, sehen andere Bestimmungen davon ab und sprechen einfach vom Heiratsgut. So NÖ Ltf. II 28 § 54: Solche heuratgueter aber soll der ehemann .... mit ainiger neuerung, dienstbarkeit oder pürden nit beschweren. und obgleich sein ehefrau in derlei alienierung oder beschwerung williget, dennoch solle mit derselben alienation nach ordnung geschribner rechten nit fortgangen werden.

Noch weiter geht die OÖ Landtafel (III 39 § 2): Demnach solle khainen eheman gestattet noch zuegeben sein, daß er seines weibß zuegebracht heirathguet oder auch die derselben dargegen benente und vermachte widerlegs-versicherung auf ainigen weg (ohne wie hernach volgt) verkhaufen, versezen noch verändern, also auch mit ainiger neuerung, dienstbarkheit oder bürden zu beschwören weder fueg oder macht haben sollen.

Die hier bezogenen Vorschriften über erlaubte Veräußerung sind nämlich die oben zitierten §§ 5—9, dieselben die für die Veräußerung des Spezialpfandes gelten. Damit sind das dem Manne übergebene Heiratsgut und die von ihm durch Spezialpfand geleistete Sicherheit einander völlig gleichgestellt. Denn auf beide erstreckt sich ein Veräußerungsverbot. Besteht das Heiratsgut in Geld, oder werden unvertretbare Sachen als dos aestimata gegeben, dann tritt das Spezialpfand, soweit es sich um Beschränkung des Mannes in seiner Verfügungsfähigkeit handelt, geradezu an Stelle des Heiratsgutes. Anders ist es natürlich bei Rückstellung des Heiratsguts, dann ist es von großer Wichtigkeit, ob ein in natura zu restituierendes Heiratsgut, oder bloß ein Pfand dafür sich beim Manne befindet.

Außer dem Veräußerungsverbot für den Mann finden wir ein solches auch für die Frau betreffend das von ihr dem Manne zugebrachte Heiratsgut. Es wurde oben bereits darauf hingewiesen, daß ein solches Veräußerungsverbot nur zu verstehen ist, wenn die Frau auch während der Ehe als Eigentümerin angesehen wird. Für den Mann hat aber das Veräußerungsverbot den Sinn, daß er zwar zu Verwaltungshandlungen, nicht aber zur Veräußerung des ihm anvertrauten Frauenguts berechtigt ist. Das Veräußerungsverbot für die Frau erstreckt sich auf Veräußerungen unter Lebenden durchwegs; letztwillige Zuwendungen an Dritte sind ihr nur insofern untersagt, als sie dem Rechte des überlebenden Mannes auf das Heiratsgut Eintrag tun würden. NÖ Ltf. II 28 §§ 55—56; OÖ Ltf. III 39 §§ 2—3.

Nicht unter das Veräußerungsverbot fällt der Tausch. Die NÖ Ltf. II 6 § 5 sagt ganz allgemein: Die ligenten heuratgueter mögen gegen andern bessern grunden verwechßlet werden. Insbesondere entspricht es der Vertragsfreiheit der Parteien bei Heiratsverträgen (NÖ Ltf. II 28 § 36: dieweil die heuratsabredt durchauß lauter wilkühr seint), daß den Ehegatten auch während der Ehe die einverständliche Änderung des Heiratsvertrages zusteht. Zu solchen Änderungen gehört nicht nur eine Vermehrung oder Verminderung zugesagter Summen (an solche denkt wohl OÖ Ltf. III 38 § 14 in erster Linie),[1] sondern auch die Vertauschung einer zum Heiratsgut gehörigen Sache gegen eine andere. Die OÖ Landtafel bestimmt hierüber (III 39 § 10): Da aber die conleith mit ihren zusamben gebrachten heiratlichen und widerlegten güetern in wehrender cohnschaft allain abwexeln und mit beeder thailen gueten willen und vergleichung ohne verforthailung für die vermachte andere an die statt geben wolten, das ist ihnen unverwerth, doch den andern articuln deß heiratvermächts unvergriffen. Diese Bestimmung ist fast wörtlich der NÖ Ltf. II 28 § 57 entnommen. Noch schärfer betont die Vertragsfreiheit Strein-Linsmayer II 17 § 34.

Dabei wird es auch jederzeit zulässig sein, ein in Grundstücken bestehendes Heiratsgut in eine Geldsumme zu verwandeln und umgekehrt. Allein allgemein gilt nicht der Grundsatz: res succedit in locum pretii, und es wird namentlich von den Quellen hervorgehoben, daß ein Grundstück, das aus dem in Geld bestehenden Heiratsgut vom Manne gekauft wurde, nicht zum fundus dotalis wird, sondern, daß bei der Restitution die Empfänger sich mit der gegebenen Summe Geldes begnügen müssen (NÖ Ltf. II 28 § 58, OÖ Ltf. III 38 § 23). Vgl. übrigens auch OÖ Ltf. III 38 § 17 (oben S. 12).

Das weitgehende Veräußerungsverbot, das dem Mann die Verfügung über die zur Sicherstellung des Heiratsgutes dienenden Güter entzog, konnte natürlich nicht ohne weiteres auf Generalverpfändungen Anwendung finden. Darum gestatten die Quellen bei

---

[1] Siehe Weingärtler 97.

vertragsmäßiger Sicherstellung auf des Mannes ganzem Vermögen diesem die Veräußerung einzelner Stücke, insofern das Heiratsgut durch andere Vermögensstücke genügend sichergestellt ist. Die NÖ Landtafel bestimmt (II 28 § 48): wann aber die verweisung auf allen und ieden des ehemans guetern beschehen, so soll er mit allem seinem guet nit gespert sein, sonder, wo sein ehefraw mit ainem oder mehr stuckhen derselben gueter genuegsamb assecuriert, steet ihme die andern zu seiner notturft und fromben zu verwenden bevor.

Die OÖ Landtafel regelt diesen Fall folgendermaßen (III 39 § 4): .... wann die verweißung oder versicherung auf allen güetern geschechen, so solle dem mann freistehen, dieselbige auf gwiße stuckh zu benennen, iedoch dergestalt, daß sein ehefrau und ihre befreündte damit woll zufriden sein mögen. da nun solches genuegsamb geschechen, so solle dem ehemann unverwehrt sein, die übrige güeter, so er über die notwendige versicherung seiner hausfrauen noch übrig hat, seiner gelegenheit noch zu verändern, damit er nit zumahl mit allen seinen güetern gespört sei.

Damit scheint eine Differenz zwischen den beiden Landtafeln zu liegen. Die Oberösterreichische verlangt von dem Manne eine ausdrückliche Verweisung auf bestimmte Stücke, wobei es unsicher ist, ob damit eine dauernde Verwandlung der Generalhypothek in eine Spezialhypothek eintritt oder ob diese „Benennung" nur den Zweck des Nachweises einer noch genügenden Sicherstellung verfolgt, ohne im übrigen den Charakter des Generalpfandrechts zu verändern. Nach der NÖ Landtafel aber genügt die Tatsache, daß das übrige Vermögen des Mannes noch genügende Sicherstellung bietet („genuegsamb assekuriert"), eine spezielle Verweisung oder Benennung wird nicht gefordert.

Die NÖ Landtafel fügt jedoch noch hinzu (II 28 · § 48): „doch das solches mit seiner ehefrauen vorwissen beschehe, dann weil sie in craft der algemeinen general-hypotecken bei allen und ieden ihres hauswirts guetern interessiert, ist nit unbillich, das sie solcher alienation erinnert werde. und ob sie nach gethaner certioration mit denen uberigen guetern versichert, soll sie ihren mann an der alienirung keinen eintrag thain, wie ihr dann disfals keiner zu gestatten." Die Zertioration der Frau genügt, ihre Zustimmung zur Veräußerung ist nicht erforderlich.

In der OO Landtafel (III 39) ist es fraglich, ob die Bestimmungen der §§ 6—9, die eine gerichtliche Zerzioration und eidliche Renunziation fordern, sich nur auf den Fall des § 5 (Veräußerung eines Spezialpfandes) oder auch auf den des § 4 (Veräußerung bei Generalverpfändung) beziehen. Wäre tatsächlich das letztere der Fall, dann wäre die Beschränkung des Mannes in der Verfügung über seine Güter eine außerordentliche, denn er wäre immer an die Zustimmung der Frau gebunden, also viel mehr beschränkt, als es die Frau mit ihrem Paraphernalvermögen ist.[1] Ist aber andererseits dem Manne die Möglichkeit gegeben, sich Verfügungsfreiheit dadurch zu schaffen, daß er der Frau eine genügende Sicherstellung in bestimmten Stücken nachweist, und dadurch ein Spezialpfandrecht an Stelle des Generalpfandrechts setzt, dann ist es sehr fraglich, welchen Wert die Generalverpfändung hat und welche Rolle neben ihr die gesetzliche Hypothek spielt.

Die erwähnten Verfügungsbeschränkungen betreffen nämlich nur die vertragsmäßigen Sicherstellungen, bloß die oben zitierte Stelle der NÖ Landtafel (II 28 § 48) scheint mit dem Wort „Generalhypotecken" auf das gesetzliche Pfandrecht hinzuweisen. Wenn wir bedenken, daß in der Terminologie ein Unterschied zwischen der gesetzlichen und vertragsmäßigen Sicherstellung gemacht wird, indem der Ausdruck „Hypothek" nur für das gesetzliche General-

---

[1] Es wäre nicht unmöglich, daß sich in dieser Form Erinnerungen an die einst herrschende Gesamthand (Schröder II 1, 115 ff.) erhalten haben. Diese strengere Auffassung hat auch die Analogie des bayrischen Rechts für sich, das bei Generalverpfändung dem Mann Veräußerungen und Belastungen liegender Güter nur mit der (allerdings gerichtlich supplierbaren) Zustimmung der Frau gestattet. Ref. 44, 7: So der man seiner Eelichen haußfrawen jr zupracht Heyratguet auch sein widerlegung vermacht oder verschreibt auf allen dem, das er hat unnd lässt. So hat er nit macht sein ligennd hab und guet oder aynich zinß daraus zuverkauffen oder zuverpfennden ausser seiner eelichen haußfrawen sonndern vergonnst und willen. . . . Wo aber der man seyner haußfrawen auf besonnder seiner hab und guet ir vermächtnuß thät, daran Sy nach rate irer fründt ein benüegen hett, So soll alßdann der man mit annderer seiner hab und guet frey unnd unverpunden sein. Dagegen entspricht die leichtere Auffassung dem gemeinen Recht, indem das absolute Veräußerungsverbot des fundus dotalis des römischen Rechts bei eidlicher Zustimmung der Frau nach kanonischem Recht wegfiel, (vgl. Stryk ad Dig. 23, 5 § 5. Wesenbek, ibid. n. 6; Lauterbach, ibid. § 17 f.), während der Mann über sein eigenes Vermögen immer alle Verfügungsfreiheit behielt.

pfandrecht, nie aber für die vertragsmäßige Sicherstellung verwendet wird, so muß man wohl schließen, daß auch in der Wirkung beider Sicherstellungen eine Verschiedenheit vorhanden sein mußte. Nur dann läßt sich auch die Möglichkeit der vertragsmäßigen Spezialsicherstellung neben der gesetzlichen Generalhypothek begreifen.

Denn diese scheint nicht etwa bloß suppletorisch in Ermangelung einer vertragsmäßigen „Verweisung" eingetreten zu sein, sondern allgemeine Geltung auch neben der „Verweisung" besessen zu haben.[1] Der Unterschied beider Sicherstellungsarten bestand darin, daß die vertragsmäßige „Verweisung" die oben dargestellte Verfügungsbeschränkung für den Mann mit sich brachte und der Frau bezw. ihren Erben ein über den Rahmen des Pfandrechts weit hinausgehendes Revokations- bezw. Vindikationsrecht einräumte. (Vgl. OÖ Ltf. III 39 § 9.)

Dagegen besteht die gesetzliche Sicherheit der Frau darin, daß ihren Forderungen der Vorrang vor den Gläubigern des Mannes eingeräumt ist. Hierüber bestimmte der Zaiger III 10 § 9, „daß das Heiratsgut vor allen anderen geschäften und schulden unausgetrukhten elteren phandschaften, sonderlich denen phandschaften, die auch benent, doch nach der heirat beschehen sein, dem lebendigen thail entricht werde." Walther lehrt in genauem Anschluß an das gemeine Recht (6, 6): „Desgleichen seyn jedes Hauswirths Güter seiner Hausfrauen um ihr zugebrachtes Heyrath-Gut von Rechts wegen verpfändt, obgleich solche Verpfändung in der Heyraths-Abred austrucklich nicht beschehen wäre." Und später ebenda: „Wann ein Glaubiger sein Rechtlich Unterpfand auf des Verstorbenen Verlassung hätte, ob dann gleich der Wittiben Vermächtnuß jünger wäre denn des Glaubigers rechtliches Unterpfand, so hat doch die Wittib . . . mit solchem ihrem jüngern Vermächt vor den jetztbemeldten Glaubiger den Vorgang, doch allein in Anforderung ihres Heyrath-Guts . . ." Dieses Privilegium der Rangordnung hat die Witwe jedoch nur gegenüber älteren gesetzlichen Pfandrechten, gegenüber richterlichen oder „verschriebenen" Pfandrechten hat es die Rangstellung nach dem

---

[1] Vgl. die allgemein gehaltene Fassung im „Zaiger" III 10 § 16 (oben S. 20 n. 1). NÖ Ltf. II 16 § 8 (oben S. 20). OÖ Ltf. III 39 § 1 (oben S. 21). Walther 6 siehe oben.

Alter der Entstehung, also des Heiratsvertrages. Im wesentlichen das gleiche normiert die NÖ Ltf. III 116 § 1, 4.

Ein ähnliches Privileg gewährt der „Zaiger" (III 10 § 9) der Frau, indem er ihr bei Insolvenz des Mannes das Recht gibt, ihr Heiratsgut zu vindizieren auch vom dritten Besitzer. „aber gegen den so vor ir phandschaft auf ausgetrukhten guetern gehabt ... hat si nit zu clagen."

Und ein anderes Privileg dieser Art vor den Gläubigern statuiert die OÖ Landtafel mit Beziehung auf ein Gewohnheitsrecht, jedoch ohne sich auf das privilegierte Pfandrecht des geschriebenen Rechts zu berufen, was doch sonst so häufig geschieht (III 39 § 11): So ein mann etwo durch unglickh oder in ander weeg in verderben geriethe, also daß seine glaubiger all sein haab nahrung und güeter zu bezahlung der schulden einbekhomen und hinwegnemen, so wollen wir, daß (inmaßen von alters herkhomben) nichts destoweniger der frauen beweißlich und khuntlich zuegebracht heirathguet sambt der widerlag, und waß sie sonsten dem mann beweißlich zuegebracht, sambt der frauen zier ir der frauen für andern glaubigern volgen und verbleiben solle.

Suttinger endlich überliefert uns ein Gutachten der Stände über das Gewohnheitsrecht bei der Konkurrenz der Witwe mit Gläubigern, die Verschreibungen besitzen, die älter sind als der Witwe „Vermächt" (S. 339). Es lautet im wesentlichen: „Die Herren Ausschüß einer Ehrsamen Landschafft wissen keinen andern Landsbrauch, denn daß die lautern Aeltern auf Pfand verschriebne Creditores in der Gemein, absonderlich auch die Jungen Heyraths-Vermächten in allweg vorgehen, addita est haec ratio. Dann was dem ältern Glaubiger auf Pfand verschrieben ist, kan demselben zu Nachtheil niemand andern verschrieben oder vermacht werden, wie dann solches auch allezeit bey dem Gericht und dem Lands-Brauch gehalten worden." Diesem Rechtssatz entsprechende Urteile aus der Zeit von 1598—1638 werden uns von Suttinger S. 340—341 mitgeteilt.[1]

---

[1] Siehe dazu auch Beckmann 115 und Schwartzenthaler, Tractatus de pignoribus et hypothecis. 1594. 208 ff., 227 ff. Finsterwalder IV obs. 15.

Nach Tiroler LO. § 1 soll „deß Manns Guet, ligendes und fahrendes zum

Gemeinsam ist allen diesen Bestimmungen, daß die Witwe mit dem Heiratsgutanspruch allen Gläubigern vorgeht, deren Pfandrechte jünger sind, als ihr „Vermächt". Verschieden beurteilt wird nur die Frage, wie sie gegenüber älteren Pfandgläubigern gestellt ist. Aber ganz abgesehen von diesen Differenzen[1] können wir doch in dem gemeinsamen Vorzug gegenüber gewissen Kategorien von Gläubigern die Wirkung des gesetzlichen Generalpfandrechts sehen. Wir begreifen, daß neben diesem Generalpfandrecht, das gleich der römischen Hypothek dem Manne keine Schranke in der Veräußerungsfähigkeit zog, ein vertragsmäßiges Spezial- und Generalpfandrecht, das noch außer der Rangordnungswirkung eine Beschränkung der Verfügungsfreiheit des Mannes nach sich zog, wohl einen Sinn hatte. Wir verstehen auch jetzt erst, warum die Quellen von einer besonderen Pflicht des Mannes reden, das Heiratsgut sicherzustellen (oben S. 18), da doch ohnedies das gesetzliche Generalpfandrecht vorhanden war. Die vertragsmäßige „Verweisung und Versicherung" war nämlich bedeutend stärker als die gesetzliche, sie beschränkt den Mann in seiner Verfügung in einer Weise, die man als eine Annäherung an Gesamthandsverhältnisse oder Gütergemeinschaftsformen bezeichnen kann.

---

Widerfall der Frawen und ihrer Erben stillschweigend der Pfendtung haissen und sein, biß sie deß alles vor allen Glaubigern (die nit ältere Gerechtigkeit haben dann der Heyrath ist und da sich die Fraw nit selbst verschriben hat) entrichtet und bezahlt werden. Siehe auch Böhm. LO. M. 35. Mähr. LO. fol. 156. Böhm. Stadtrecht C. 49. Sächs. Konst. 1, 28: . . . soll des Schuldners Ehe-Weib mit ihrem eingebrachten Gut, so viel sie deß erweisen kan, allen andern Gläubigern, so nicht ältere ausdrückliche Verpfändung haben, vorgezogen werden. Vgl. dazu Carpzov, def. 65. Wesenbeck ad Dig. 20, 4 n. 3. Lauterbach ad Dig. 20, 2 § 19. Württ. LR. 1 tit. 75.

[1] Die Frage, wie weit das Vorzugsrecht der Frau gehe, war auch im gemeinen Recht streitig. Die Mehrzahl der Juristen war der Ansicht, daß die Frau nur den älteren gesetzlichen Hypotheken, nicht auch älteren vertragsmäßigen vorgehe, und ihnen schloß sich die Mehrzahl der Partikularrechte an (siehe die vorige Note), die Minderheit wollte der Frau ein absolutes Vorzugsrecht vor allen älteren Pfandgläubigern gewähren. Der letzteren Ansicht, die die Oberösterr. Landtafel vertritt, schließt sich auch Weingärtler (175) an und ein bei diesem zitiertes Urteil des Landeshauptmännischen Gerichts vom 10. Mai 1547.

## II. Die Widerlage.

### § 6.

Die Widerlage (Widerlegung, Gegenvermacht) wird der römischen donatio propter nuptias gleichgestellt (Zaiger III 10 § 1, OÖ Ltf. III 38 § 3). Der Zaiger gibt als Definition bloß eine Übersetzung dieses lateinischen Terminus („ain gab von der conschaft wegen"), nach der OÖ Landtafel ist sie „die gab, welche der breutigamb seiner braut zu vergleichung ihres heirathlichen zuebringenß gibt oder bestelt."

Die Widerlage steht in enger Beziehung zum Heiratsgut. Vor allem ist sie bezüglich ihrer Existenz von diesem abhängig, dann steht ihre Höhe regelmäßig in einem bestimmten Verhältnis zu der des Heiratsguts, und endlich sind ihre rechtliche Behandlung und ihr Schicksal meist denen des Heiratsguts gleich.[1]

1. Ob die Möglichkeit, eine Widerlage zu bestellen, davon abhängig ist, daß ein Heiratsgut bestellt würde, wird von den Quellen nicht ausdrücklich festgestellt. Man wird aber darauf schließen müssen, weil selbst die Pflicht, eine versprochene Widerlage zu leisten davon abhängig gemacht wird, daß auch das Heiratsgut geleistet wurde und zwar mit dem Unterschied, daß dann, wenn das Heiratsgut gar nicht entrichtet wurde, auch die Widerlage gar nicht zu leisten ist; ist aber das Heiratsgut nur zum Teil geleistet, so ist auch die Widerlage nur zum Teil zu leisten. Das Motiv hierfür entnimmt der Zaiger dem gemeinrechtlichen Verbot der Schenkung unter Ehegatten, obgleich die Widerlage doch nicht unter den Begriff des Entgelts gebracht werden kann. Dabei ist aber eine Ausnahme,

---

[1] Wohl zu bemerken ist, daß die Quellen die Widerlage immer als eine Gabe des Mannes an die Frau auffassen, die außer und neben der Rückstellung des Heiratsguts zu leisten ist. Davon, daß das Widerlegungsversprechen bloß eine Versicherung des Heiratsguts ist, ist keine Rede, im Gegenteil, für die Widerlage ist besondere Sicherheit zu leisten. Um mich der römischen Terminologie zu bedienen, die Widerlage wird nicht als compensatio dotis, sondern immer als augmentatio dotis aufgefaßt. Damit fallen die Schlüsse, die Ogonowski (97) aus Worten Beckmanns (113) zieht, daß die Widerlegung Züge des slavischen Rechts trage. Über den Begriff der Widerlage vgl. auch Weingärtler 97. Reutter Tab. 6. Beim Adel war es üblich, ein besonderes Wittum, Leibgeding, Dotalitium für die Witwe auszusetzen. Vgl. Beckmann 116f. Finsterwalder IV obs. 19. Siehe darüber auch unten § 14.

daß der nichtadelige Mann, der eine adelige Frau heiratet, dieser „zu ergezlichait ires stands und adls" eine Widerlage geben kann, ohne daß er ein Heiratsgut erhalten hat.

Die Bestimmungen der Quellen sind folgende:

Zaiger III 10 § 10: Ob ainer ain heiratbrief verfertigt und bekhennt darinnen, er hab zu heiratguet sovil emphangen, demnach hab er sovil widerlegt und hat doch das heiratguet nicht eingenumen, so ist die verschreibung nichts, dann die widerlegung wuerde mer schankh oder gab gemäß, die zwischen chonleuten verpotten ist. aber das wir ain widerlegung nennen, wierdet verstanden, das etwas da entgegen vor gegeben oder zuegesagt sei, die ist erlaubt, und daz ist zu versteen zwischen chonleuten, die aines stands und wesens sein. ob aber ain gemainer man, so reich ist, ain frawen eines namhaften adls, die armb ist, nimbt, der mag ir etwas vermachen, das wierdet verstanden, als beschehe es zu ergezlichait ires stands und adls. § 15. Ob man vil heiratguets zuesagt und nicht gar bezallt, so soll die widerlegung demselben gemäß und nicht mer daentgegen entricht werden, obgleich vil mer und dem zuesagen gemäs zu widerlegung verschriben oder verphendt worden wär.

NÖ Ltf. II 28 § 25: Wann das eheweib ihr versprochen heimbsteur und heuratguet ihrem ehewirt nit würklich zubringt, so ist er mit seiner gegenvermachten widerlegung von ihr oder ihren freunden auch entprochen. deßgleichen wann sie ihm nur ainen tail derselben zugesagten haimbsteur würklich uberlüefert, solle die bedingt widerlegung pro rata solches hinderstelligen ausstants fallen.

OÖ Ltf. III 38 § 21: da die bezallung und wirkhliche erlegung deß abgeredten heirathguetß über deß mannß ernstlich begern und abforderung nit beschechen, so khann der überlebend thail auch die widerlag nit begehren. oder doch, da allain zum thail etwaß an dem heirathguet bezalt worden, ist man auch an der widerlag mehrers nit alß gleichen thail zu erstatten schuldig.

Dagegen überliefert uns Walther (III 13) gerade entgegengesetzte Bestimmungen: „Wann gleich in dem Heyraths-Brief begriffen wäre, daß der Mann das Heyrath-Gut eingenommen hätte, ob dann gleich des Verstorbenen Erben mit Schuld-Brief oder in ander Weg darbringen möchten, daß er dasselbe nicht eingenommen hab, so seynd sie doch nichts destoweniger der Wittib solch Heyrath-Gut samt der Widerlag, Morgengab, und allen dem, was ihr sonst verschrieben, zu entrichten und folgen zu lassen, schuldig." Dies gilt dann, wenn das Heiratsgut von den Verwandten der Frau bestellt wurde; hat sie es selbst versprochen und nicht geleistet, dann erhält sie keines von den Erben des Mannes restituiert. „Aber," fährt Walther fort, „die Widerlag, Morgen-Gab und anders, das der Heyraths-Brief vermag, mögen sie ihr in solchen Fall nicht verhalten, sondern sie seynd ihr dasselbe zuzustellen und folgen zu lassen schuldig."

Fast wörtlich wiederholt finden sich diese Stellen in NÖ Ltf. III 95 § 1 u. 3 mit ausdrücklicher Beziehung auf den Landsbrauch. Inwiefern sie mit der obenzitierten Bestimmung (II 28 § 25) in Einklang zu bringen sind, ist nicht recht ersichtlich. Dem Wortlaut nach wäre die Erklärung möglich, daß sich II 28 § 25 nur auf die Zahlung der Widerlage des Witwers an die Erben der Frau bezieht, während III 95 von der Leistung der Erben des Mannes spricht. Wahrscheinlicher ist aber ein, bei dem kompilatorischen Charakter der Arbeit erklärlicher, wirklicher Widerspruch der beiden Stellen.

2. Die Höhe der Widerlage ist herkömmlicherweise der des Heiratsguts gleich. Zaiger III 10 § 2: Der gemain landsprauch unsers furstenthumbs Osterreich ist, daz gemainclich der praut heiratguet und des preutigam widerlegung an der suma gleich sein.[1]

Eine zwingende Norm hierüber fehlte aber, die Quellen betrachten die übliche Gleichstellung der Widerlage mit dem Heiratsgut weder als Grenze nach oben,[2] noch nach unten;[3] doch galt Gleichstellung

[1] So auch OÖ Ltf. III 38 § 8. Siehe auch die Beispiele bei Suttinger 904 und im oberösterr. Tractat 4, 1. Ferner Cod. Austr. II 106. Ebenso in Salzburg (Siegel 87f.) und in Steiermark Beckmann 116, 117. Nach böhmisch-mährischem Recht war die Höhe der Widerlage „um ein Drittel" höher als das Heiratsgut. Ogonowski 63, 68. Stadtrecht C. 37, 38.

[2] NÖ Ltf. II 28 § 24. Wiewohl die geschribnen kaiserlichen rechten vermögen, das die widerlegung der heuratguet in allem gleich und keines mehr noch höher als der ander sein solle, iedoch wirdt in disem lant mehrmals das widerspiel beredet und beschlossen, denn einem preutigam unverwerth sein muss, sein vertraute spons mit mehrer widerlegung, als ihr zugebrachte heimbsteur vermag, zu betreuen. Vgl. auch Reutter Tab. 6 Nr. 2.

[3] OÖ Ltf. III 38 § 8: darbei aber zu wissen, daz daß heirathguet und widerlag nit alweg gleich sein müeßen, sonder etwo die widerlag geringer dann

suppletorisch, wenn eine Widerlage versprochen, jedoch die Summe nicht festgesetzt wurde. So bestimmt die OÖ Ltf. III 38 § 8: iedoch, da nit in der heirathßabredt solcher ungleichheit sonderbare meldung geschiecht, sonder die ehe dem gemainem gebrauch nach geschloßen, wird die widerlag dem heirathguet gleich zu sein verstanden.

3. Die rechtliche Behandlung der Widerlage besteht im allgemeinen in der Gleichstellung mit dem Heiratsgut.[1] Gleich dem Heiratsgut kann die Widerlage entweder in einer Geldsumme oder in liegenden Gütern bestehen. (OÖ Ltf. III 38 § 8.) Im ersten Fall hat der Mann einfach eine Geldschuld, die er aber entweder auf einem Spezialgut oder auf seinem gesamten Vermögen zu versichern hat.[2] Die Versicherung auf einem Spezialgut besteht darin, daß ein bestimmtes Gut als Sicherstellung der Widerlage bezeichnet wird, wodurch dieses Sicherstellungsgut einfach in die Stellung eines als Widerlage bestimmten Gutes tritt; es tritt also auch hier, was das Rechtsverhältnis während der Dauer der Ehe betrifft, eine völlige Verschmelzung des als Widerlage gegebenen und des zur Sicherstellung der Widerlagssumme dienenden Gutes ein, dies um so mehr, als derjenige, der eine Widerlage mit gleichzeitiger Schätzung in Geld gab, sich bei der seinerzeitigen Restitution durch Leistung der Geldsumme von der Leistung des Gutes in natura befreien kann (OÖ Ltf. III 38 § 17). Die Sicherstellung für die Widerlage auf dem ganzen Vermögen des Mannes dagegen hat dieselbe Wirkung wie die Sicherstellung für das Heiratsgut.

---

der brauth heirathguet sein khönne, sonderlich weil der mann die ehebeschwerden mit ernehrung weib und kinder tragen soll und mueß. Über die Höhe der Widerlage bei zweiter Ehe siehe unten § 18.

[1] OÖ Ltf. III 38 § 24: Was nun von bestellung der heiratgüeter gesagt, daß ist von der widerlag und morgengab zu verstehen, dann sie gleiches rechtenß gehalten werden. Diese Gleichstellung findet auch darin Ausdruck, daß der Ausdruck „Ehesteuern“ auf Heiratsgut und Widerlage angewendet wird. So OÖ Ltf. III 38 §§ 13 und 15.

[2] NÖ Ltf. II 28 § 48. Zaiger III 10 § 2: da entgegen ist der preutigam chuldig heirat- oder vermächtbrief zu fertigen, darin solch heiratguet auch sein widerlegung zusambt der morgengab bestimbt und auf sein nemblichen ausgetrukhten guetern, wo er die gesondert hat, oder auf allem seinem guet der praut verphenden, so es zu fällen khumbt, damit si das, so ir zuegeburt, wiß zu finden. Vgl. ebenda § 12.

Im übrigen bleibt dem Mann während der Dauer der Ehe Besitz, Verwaltung und Genuß der Widerlage, denn auch sie soll zur Tragung der Lasten der Ehe dienen (Zaiger III 10 § 3)[1], es trifft ihn die gleiche Pflicht zur Obsorge wie in eigenen Sachen (OÖ Ltf. III 38 § 19), dagegen hat er auch aus eigenem nur diejenigen Kosten aufzuwenden, die „zu täglicher gewönlicher underhaltung" nötig sind (OÖ Ltf. III 38 § 19), er kann im Einverständnis mit der Frau das zur Widerlage dienende Gut durch ein anderes ersetzen (OÖ Ltf. III 39 § 10), die Bestimmungen über das Veräußerungsverbot treffen das Widerlagsgut bezw. das Sicherstellungsgut ebenso wie das Heiratsgut (OÖ Ltf. III 39 § 1 u. 2). Die Forderung der Widerlage der Gattin ist mit den gleichen Privilegien gegenüber den Gläubigern ausgestattet wie die des Heiratsguts. (OÖ Ltf. III 39 § 11.) Ältern Gläubigern geht jedoch die Widerlagsforderung niemals vor. (Walther 6, 6 k; NÖ Ltf. III 116 § 1.) Wenn der Mann auf seinem Vermögen eine Generalhypothek bestellt, ist die Widerlage hiervon ebenso ausgenommen wie das Heiratsgut (OÖ Ltf. III 39 § 14).

Dagegen bleibt doch ein großer Unterschied zwischen Heiratsgut und Widerlage; das Heiratsgut ist Gut der Frau, die Widerlage gehört dem Mann, doch soll sie der Frau in gewissen Fällen zufallen. Darum kann die Frau im Nachlaßkonkurs wohl das Heiratsgut, nicht aber auch die Widerlage als dem Erblasser nicht gehöriges Gut ausscheiden (Walther 6, 3), darum wird ein Veräußerungsverbot für die Frau bezüglich des Heiratsguts, nicht aber bezüglich der Widerlage bestimmt. (OÖ Ltf. III 39 § 2; NÖ Ltf. II 28 § 55.) Andrerseits geht das Recht der Frau an der Widerlage doch über eine pfandrechtlich sichergestellte Forderung hinaus. Dahin gehört vor allem das weitgehende Veräußerungsverbot für den Mann, dahin gehört das Revokationsrecht der Frau bei verbotswidriger Veräußerung (OÖ Ltf. III 39 § 9), dahin gehört der Besitz und die Nutzung der verwiesenen Güter bis zur Abrechnung mit den Erben. (Walther 3, 1; NÖ Ltf. III 84; OÖ Ltf. III 40 § 2.) Man kann daraus wohl mit Recht schließen, daß das Recht, das der Witwe einst zustehen soll, Eigentum oder Nießbrauch, bereits jetzt

---

[1] Weingärtler 100: Differunt (sc. dos et donatio p. n.) quod maritus lucretur fructus dotis durante matrimonio, uxor vero matrimonio durante fructus hujus donationis non lucretur.

in unentziehbarer Weise begründet wird, daß die Verweisung auf bestimmte Güter eine Ersatzleistung, nicht bloß Verpfändung im römischen Sinne für die dazu bestimmte Summe ist, die von den Erben durch Leistung der Summe eingelöst werden kann, daß aber diese Rechte der Frau erst nach Beendigung der Ehe in gewissen Fällen zur Existenz kommen, also bedingt und betagt sind.

## III. Die Morgengabe.

### § 7.

Die Morgengabe[1] gibt der Mann der Frau, als „ain belonung der junkhfreulichen eeren oder magthumbs" (Zaiger III 10 § 1; ebenso NÖ Ltf. II 28 § 14); sie ist ein Geschenk, welches der Bräutigam der Braut „wegen deß ersten beischlaffß verspricht und zueaignet". (OÖ Ltf. III 38 § 4.). Voraussetzung ist also, daß die Ehe auf Seite der Frau die erste sei, gleichgültig ist es dagegen, ob der Bräutigam ledig oder verwitwet ist (dies sagt ausdrücklich die NÖ Ltf. II 28 § 14). Die Morgengabe kann auch vorkommen, wenn die Braut Witwe und der Bräutigam bisher unverheiratet war, in diesem Fall gibt sie die Braut dem Bräutigam (so Zaiger III 10 § 1: „so ain wittib ain jungen gesellen und nicht ainem wittiber vermähelt, ist si im die morgengab schuldig"). Die Niederösterreichische (II 28 § 15) wie die Oberösterreichische Landtafel (III 38 § 24) versichern, daß derartige Morgengaben wirklich üblich gewesen seien. Auch für Salzburg finden wir eine solche Morgengabe an den Junggesellen (Siegel 89 n. 1). Ausgeschlossen ist aber nach den Quellen eine Morgengabe dann, wenn beide Brautleute verwitwet sind (Zaiger III 10 § 1: „aber so wittiber und wittib zusamen heiraten, die geben noch nemen khain morgengab"; ebenso NÖ Ltf. II 28 § 16).

Dem Charakter der Morgengabe entsprechend ist ihre Höhe im allgemeinen in das Belieben des Gebers gestellt. (Zaiger III 10 § 2: „steet im beschluss und abred der heiratsleut"; ähnlich NÖ Ltf. II 28 § 23). Allein es ist Brauch, die Morgengabe geringer als die Widerlage zu bestimmen (OÖ Ltf. III 38 § 24) und zwar „gemeinig-

---

[1] In bezug auf das gemeine Recht siehe Lauterbach ad Dig. 23, 3 § 42 und 46.

lich" auf die Hälfte der Widerlage (Zaiger a. a. O.; NÖ Ltf. II 28 § 22; OÖ. Ltf. a. a. O.; OÖ Tract. 4, 1; vgl. jedoch ebenda 4, 2), also ebensohoch als es in Salzburg üblich war (Siegel 89f). In Steiermark bei Bürgern war sie zuweilen so hoch als das Heiratsgut, zuweilen die Hälfte, zuweilen noch weniger (Beckmann 312), beim Adel sogar regelmäßig dem Heiratsgut gleich (Beckmann 116).

Für das Schicksal der Morgengabe ist die Liberalität der Gabe gleichfalls entscheidend. Wenn nämlich nicht im Heiratsvertrag hierüber eine besondere Bestimmung getroffen wurde,[1] erlangt der Bedachte volle Verfügungsfreiheit darüber,[2] insbesondere die Möglichkeit, sie letztwillig einem Dritten zuzuwenden, der „Zaiger" nennt sie darum „ain verloren guet" (III 10 § 2; ebenso NÖ Ltf. II 28 § 17, OÖ Ltf. III 40 § 2). Dadurch unterscheidet sich die Morgengabe der Frau von der Widerlage, weil diese, dem besonderen Zwecke der Versorgung der Frau entsprechend, der Frau nicht zur beliebigen Verfügung steht, sondern mit Rücksicht auf den Zweck gebunden ist und unter Umständen, wenn dieser Zweck nicht erreichbar ist, heimfällt. Die Morgengabe nähert sich darum mehr dem Sondergut der Frau, über das sie ja auch volle Verfügungsfreiheit (darüber unten S. 41) hat. Diese Verfügungsfreiheit erlangt die Frau nicht erst nach dem Tode des Mannes, sondern sie kann auch während der Ehe wenigstens letztwillig verfügen, so daß der Mann nach dem Tode der Frau die Morgengabe demjenigen herausgeben muß, dem sie die Frau bei Lebzeiten zugewendet hat. (Siehe die unten zitierten Stellen S. 37 f.) Die Morgengabe ist darum immer eine freie. Eine Form wie die in Salzburg und Niederbayern „nach Landrecht" vorkommende Morgengabe, die zum Teil heimfällig war (Siegel 90f.), wird in Österreich nicht erwähnt.[3]

---

[1] Eine solche häufig vorkommende Bestimmung in Heiratsbriefen erwähnt die NÖ Ltf. II 28, § 17 nämlich: „wann die praut vor ihrem ehemann mit tot und testament abgehen würd, das sie solche morgengab ihrem ehemann wider vor allen andern haimbschaften und frei machen soll, welche paction der billigkait nit zuwider. Vgl. dazu Strein-Linsmayer II 17 § 11.

[2] Siehe Weingärtler 103. Beckmann 312.

[3] Einen Anklang hieran finden wir im oberösterr. Tractat 4, 4: Wann aber das weib vor dem mann stirbt, so felt im sein widerlag und morgengab, wofer sie die in ierem leben nit verschafft, das sie doch guet fueg und macht hett, sampt aller ierer verschriebenen varunden haab frei wiederumb haim.

Wenn sich die Morgengabe so dem Sondergut der Frau nähert, bleibt sie von diesem doch insofern verschieden, als sie regelmäßig erst mit der Auflösung der Ehe wirklich übergeben wird, bis dahin bleibt nicht nur die Verwaltung, sondern auch die Nutzung dem Manne (Zaiger III 10 § 15; siehe auch Bayr. Ref. 45 5.). Über das Verfügungsrecht des Mannes an der Morgengabe äußern sich die Quellen nicht. Da jedoch die Frau an der Morgengabe ein weitergehendes Recht als an der Widerlage erhält, die Morgengabe ein dem Mann „verlornes" Gut ist, so ist es klar, daß der Mann an den Gütern, die er als Morgengabe „ausgezaigt" hat, oder die er als Sicherstellung für eine in Geld bestimmte Morgengabe verpfändet hat, den gleichen Veräußerungsbeschränkungen unterworfen ist wie bei der Widerlage. Nach bayrischem Recht (Ref. 45, 4) kann der Mann ein Gut „darauf sein haußfraw Ir morgengab hat" nur „mit seiner haußfrawen wissen und gutem willen" verkaufen. Die Morgengabe wird der Frau ebenso wie die Widerlage durch „Auszaigung" auf einem bestimmten Gut und durch Verpfändung sichergestellt (vgl. Bayr. Ref. 45, 2). Nach Beckmann (312) wird die Morgengabe „alsofort der jungen frauen ihr unwiederruffliches Eigenthum".

Die Quellen behandeln als den Hauptfall nur den, daß die Frau vom Manne eine Morgengabe erhält. Doch sind die Bestimmungen hierüber auch auf den Gegenfall, daß der Mann von der Frau eine Morgengabe empfängt, anzuwenden (OÖ Ltf. III 38 § 24).

Der Zaiger III 10 § 6 bestimmt über die Morgengabe: Aber mit der morgengab hat das weib albeg, si sterb vor oder nicht, zu handlen, zu thuen, zu lassen, zu vermachen und zu verschaffen, wem si verlasst, wo si aber deshalben nichts ordent und stirb vor ôn khind, die er bei ir hat, so gewinnen die ir nechst freund zusambt dem widerfall ires heiratguets nach irem todt. NÖ Ltf. II 28 § 17: Solche morgengab ist ein freies und verlornes guet, bleibt auch der praut und ihren erben, si uberleb den preutigam oder sterb vor ihme, aigenthumblich und ohn allen widerfall. derhalben stehet ihr auch bevor, dieselb morgengab in ihrem testament zu verschaffen, wem sie wiell. OÖ Ltf. III 38 § 24 dehnt im allgemeinen die Bestimmungen über das Heiratsgut auf die Morgengabe aus „allain — daß auch die morgengab der brauth oder breütigamb .... aigenthumblich verbleibt, also daß sie auch auf begebenden Todfahl auf ihre befreündte erben, da nit im heiratbrief sonderbarlich fürsehung beschehen. Siehe ferner Walther 3, 17 und Weingärtler 103. Die Strein-Linsmayersche Redaktion der NÖ Ltf. II 17 § 11 betont die Freiheit der Morgengabe noch entschiedener durch folgenden Zusatz zum Püdlerschen Text: dahin solte aber fürbaß in denen heuratsthaidungen kheines verpunden mügen werden, das es zum vahl seines ableibens solche sein morgengab dem überlebenden oder deßen erben wider haimbzuschaffen schuldig sein solle, sonder solches iederzeit und zu allen vahlen zu der begabten freien willen stehn. Vgl. hierzu Bayr. Ref. 45, 8.

## IV. Das Sondergut.

### § 8.

Was außer den „vermachten Gütern" (Heiratsgut, Widerlage, Morgengabe) den Ehegatten gehört, nennen wir Sondergut. Um Mißverständnisse zu vermeiden, möge bemerkt sein, daß man von dieser Bezeichnung durchaus nicht darauf schließen darf, daß die „vermachten" Güter etwa Gemeingut der Gatten würden. Sie sind im Gegenteil gleich dem Sondergut Eigentum eines der beiden Gatten, allein jene Güter dienen entweder den Zwecken des andern Gatten oder denen beider zugleich und insofern bringt ihre Widmung eine Beschränkung des Eigentümers hervor, die beim Sondergut fehlt, das auch seinem Zwecke nach gesondert bleibt.

Das Sondergut ist kein Vorbehaltsgut, wie unten gezeigt wird, es verdankt seine Existenz nicht der Parteiwillkür, sondern dem Gesetz; ja im Gegenteil Parteiwillkür ist es, was gewisse Güter dem Sondergut entzieht, indem sie zu „Ehesteuern" bestimmt werden. In der Behandlung des Sonderguts, insbesondere des weiblichen, liegt der bedeutendste Unterschied des österreichischen Rechts von dem Recht der ihm zunächst liegenden deutschen Rechtsgebiete; während für diese eine verschiedene Behandlung des als Heiratsgut Zugebrachten und des übrigen Frauenguts erst bei Auflösung der Ehe eintritt, bis dahin aber eine einheitliche Behandlung des Frauenguts stattfindet, sind im österreichischen Recht die beiden Massen schon während der Dauer der Ehe getrennt, und diese Trennung vertieft sich im Laufe der Zeit immer mehr im Sinne einer immer weitergehenden Abschwächung der ehemännlichen Rechte.

Ein Sondergut kann sowohl der Mann als auch die Frau haben. Über das Sondergut des Mannes finden sich nur wenige Bestimmungen und diese erst in den späteren Quellen, indem man in den Normen der älteren Quellen über das Sondergut der Frau die Bezeichnung „Frau“ durch die Bezeichnung „Mann oder Frau“ ersetzte. So hat der Zaiger (III 10 §§ 14, 16) bloß Bestimmungen für das Sondergut der Frau. Die NÖ Landtafel fügt den Bestimmungen für das Frauengut (II 28 § 26) solche über das Mannesgut hinzu (§ 27). Die Strein-Linsmayersche Redaktion II 17 § 16 zieht diese in der eben dargestellten Weise zusammen, ihr folgt die OÖ Ltf. III 38 § 28.

Zum Sondergut des Mannes gehört alles, was ihm zur Zeit der Eheschließung außer der Widerlage und Morgengabe gehört (NÖ Ltf. II 28 § 27) und zwar sowohl an liegenden wie an fahrenden Gütern (vgl. NÖ Ltf. II 28 § 28). Ebenso gehört auch der spätere Erwerb zum Sondergut.[1] Ausdrückliche Sondergutsvorbehalte werden oft erwähnt (NÖ Ltf. II 28 §§ 27, 29, 41; OÖ Ltf. III 38 § 28), sie scheinen allgemein üblich gewesen zu sein, und das deutet darauf hin, daß sie einmal notwendig gewesen sein müssen. Aber man bemerkt bereits, daß sie überflüssig sind, weil die Sondergutseigenschaft eben schon infolge des Gesetzes und nicht infolge der Parteiwillkür eintritt (NÖ Ltf. II 28 § 27).

In bezug auf Nutzung und Verfügung über sein Sondergut ist der Mann der Frau gegenüber „ledig und frei“ und „unverbunden“ (NÖ Ltf. II 28 § 27) und „frei seines gefallens daßselbige anzulegen, zu nutzen und zu verwenden“ (OÖ Ltf. III 38 § 28).[2] Es fragt sich nun, in welchem Verhältnis diese Freiheit zu dem Pfandrecht der Frau für ihre Ansprüche aus dem Heiratsvertrage steht. Solche

---

[1] Die römische praesumptio Muciana, wonach im Zweifel jeder Erwerb vom Manne herrührt und infolgedessen Sondergut des Mannes wird, ist in Österreich von Theorie (Finsterwalder IV obs. 6 n. 22 und 39) und Praxis (Entscheidung der niederösterr. Regierung vom 14. August 1583) rezipiert. Vgl. dazu die gemeinrechtliche Lehre bei Stryk ad Dig. 24, 1 §§ 12—22.

[2] Es ist also insbesondere jede Beziehung auf ein Gesamthandsverhältnis auch bezüglich der freien Liegenschaften des Mannes, wie es Deutschsp. 34 und Schsp. 34 kannten, verschwunden. Ebenso in Salzburg Siegel 93 n. 1. Über die Gesamthand im österreichischen Ehegüterrecht des Mittelalters siehe Schröder II 1, 115.

Güter, auf die die Frau mit ihrer Heiratsgutsforderung (wenn sie in Geld besteht) oder mit ihrer Widerlage und Morgengabe speziell „verwiesen" ist, fallen natürlich unter das für derartige Güter normierte Veräußerungsverbot. Sie sind eben nicht mehr „freie" Güter des Mannes, sie sind, wie wir oben gesehen haben, selbst zum Heiratsgut, zur Widerlage und Morgengabe geworden. Ganz gleich stehen ihnen aber, wie wir oben S. 21 f. sahen, in bezug auf die Verfügungsbeschränkung diejenigen Güter, die als Spezialpfand für die heiratlichen Ansprüche der Frau bestellt wurden. Anders bei Verpfändung des ganzen Vermögens. Hier ergreift die Verfügungsbeschränkung alles Gut des Mannes, der sich entweder durch Verweisung auf ein Spezialgut dieser Schranken entledigen oder durch Zertioration der Frau und Nachweis einer noch genügenden Sicherstellung auf dem übrigen Vermögen die Möglichkeit von Veräußerungen verschaffen kann. (Siehe oben S. 25.) Dagegen scheint die gesetzliche Generalhypothek eine Beschränkung des Mannes in der Verfügung über das Sondergut überhaupt nicht mit sich zu bringen. Eine Beschränkung in bezug auf den ausschließlichen Besitz, die Verwaltung und Nutzung seines Gutes erleidet der Mann durch keine Art der Sicherstellung der heiratlichen Rechte der Frau.

Für das Sondergut der Frau zieht man im allgemeinen die römischen Sätze über die Paraphernen heran.[1] Sie erleiden jedoch manche Modifikationen. Das Gut der Frau gilt als dem Manne „zugebracht". (Walther 3, 4: „Was eine Hausfrau ihrem Hauswirth über ihr Heyrath-Gut zubringt." Ebenso NÖ Ltf. II 28 § 26; ebenda spricht § 28 vom „ubrigen zubringen"; ebenso OÖ Tr. cap. 5, 7 u. 8.) Daraus geht hervor, daß das Sondergut der Frau aus dem besteht, was ihr bei Abschluß der Ehe außer dem Heiratsgut gehörte, und zwar gehört dazu sowohl liegendes Gut (NÖ Ltf. II 28 §§ 26 und

[1] Das gemeine Recht bezüglich der Paraphernen siehe bei Wesenbek ad Dig. 23, 3 n. 11, der die Möglichkeit weiblichen Sonderguts (proprium mulieris peculium) besonders gegen Ssp. I 31 und 45 ausführt. Ferner Stryk ad Dig. 23, 3 § 7; Carpzov III 25 def. 6; Lauterbach ad Dig. 23, 3 § 48; für das österreichische Partikularrecht siehe Finsterwalder IV obs. 8 n. 2; Beckmann 330. Letzterer fügt der gemeinrechtlichen Lehre hinzu: was ich in diesen titulo juxta jus Romanum geschrieben, das wird alles in Tribunalibus Stiriacis et Austriacis approbiret.

41), als auch fahrende Habe (NÖ Ltf. II 28 §§ 26 u. 34); dazu gehört ferner auch der Erwerb während der Ehe (NÖ Ltf. II 28 §§ 26, 28). Betreffend liegende Güter, die während der Ehe erworben werden, erwähnt NÖ Ltf. II 28 § 41 einige übliche Vereinbarungen, die sich auf die Schicksale dieser Güter nach dem Tode des einen Gatten beziehen. Bei Lebzeiten beider Gatten bilden sie wohl Sondergut des Erwerbers. (Siehe darüber unten § 22 b.) Eigentumsvorbehalte sind beim Frauengut ebenso üblich wie bei Mannesgut (NÖ Ltf. II 28 § 26: wie ihnen dann die frauen bei den herrnstant und adl solche uberige haab und gueter in der heuratsabrede gemeinlich bevor behalten, auch dieselben mit gemasner bedingnus ausnemben. Vgl. auch ebenda §§ 27, 29, 41, 59; ferner II 7 § 2, 16 § 48; OÖ Ltf. III 38 § 28: übrige güeter .... so der mann oder weib über daß benente heirathguet und widerlag inen bevorhalten), sie gelten aber ebensowenig als notwendig. Besonders betont dies die Strein-Linsmayersche Redaktion der NÖ Ltf. II 17 § 16, indem sie zu den Bestimmungen des älteren Textes hinzufügt: ob dieß gleich auch in der heuratsabredt austrukhenlichen nit also vorbehalten noch in dem heuratbrief einkhumen were, wie zwar gemainkhlich beschicht.

Die Verfügung über das Sondergut steht der Frau zu. Dem Mann wird eine Einmischung mit mehr oder weniger energischen Worten verboten. Zaiger III 10 § 14: Ob die hausfrawen ausserhalb des heiratguets ander aigen gueter haben, derselben soll sich der hauswirt ôn des weibs sonder wissen und willen zu handlen in khainen weg understeen noch einmüschen. was er aber also handeln wuerde, hat khain craft. NÖ Ltf. II 28 § 26 bestimmt nach Aufzählung der Bestandteile des weiblichen Sonderguts: mit demselben allen und ieden nindert oder nichts davon außgenomben, ist sie gegen ihren ehewirt unverbunden und frei, mag auch damit im leben und sterben handlen, thuen und lassen nach ihrem willen und wohlgefallen. Strein-Linsmayersche Redaktion II 17 § 36: davon hat der eeman in werunder ee wider der eefrauen willen nichts zu vergeben.

Nur als Bevollmächtigten der Frau sind ihm Verfügungen gestattet und steht ihm die Vertretung vor Gericht zu. Zaiger III 10 § 16: In dem guet, so das weib ausserhalb oder uber das heiratguet hat, mag der mann mit wissen und willen des weibs handlen, clagen und antworten.

So bei Veräußerungen. Wenn der Mann — sagt die NÖ Ltf. II 1 § 3 — aus dem uberigen, res paraphernales genant, was verhandlet und solches mit seiner ehefrauen guetem wissen und willen beschech, so ist solcher kauf creftig. Ebenso bei Gewährung von Darlehen: NÖ Ltf. II 8 § 2: die parschaft aber, so ihr ein ehefrau vorbehalten, kan der mann ân ihren willen andern persohnen nit außleihen. Der gleiche Grundsatz liegt einer Entscheidung der NÖ Regierung vom 20. Juli 1589 (Suttinger 572) zugrunde, wonach über Sondergut der Frau „maritus pro uxore absque mandato nichts handeln kan".

In bezug auf Verfügungen über Frauengut sind somit Anklänge an eine ehemännliche Mundialgewalt so ziemlich verschwunden.[1] Nicht so in bezug auf Verwaltung und Nutzung. Diese fallen regelmäßig dem Manne als dem „Ehevogt" (NÖ Ltf. II 28 § 59; OÖ Ltf. III 38 § 28) zu.[2] Die Tendenz zu romanisieren zeigt sich

[1] Das österreichische Recht hat damit nahezu die letzte mögliche Entwicklungsstufe erreicht, die man folgendermaßen schematisieren kann: 1. nur der Mann hat das Verfügungsrecht über das Frauengut; 2. der Mann, doch mit Zustimmung der Frau; 3. die Frau, doch mit Zustimmung des Mannes; 4. die Frau ohne Zustimmung des Mannes. Das Recht des Deutschen Sp. (c. 66) und Schsp. (c. 74), das noch auf der dritten Stufe (mit Rücksicht auf Dsp. 13, 14; Schsp. 9, vielleicht auch auf der zweiten) steht, und das im Mittelalter auch in Österreich galt (vgl. Schröder II 1, 98ff.), hat sich in Salzburg (LO. Bl. 486, Siegel 95), Bayern (Ref. 43, 9 und 10) und Tirol (LO. III 1, 2) im 16. Jahrhundert erhalten. Das österreichische Recht ist insofern weiter vorgeschritten, als es die Frau bei Dispositionen über ihr Sondergut nicht an die Zustimmung des Mannes knüpft. Es enthält aber in den oben zitierten Stellen noch Anklänge an ältere Zustände, indem eine Bevollmächtigung des Mannes, der ja Verwalter des Frauenguts ist, als das Gewöhnliche angenommen wird. Siehe auch Beckmann 116, Ogonowski 95.

[2] Die dem Sachsenrecht nahestehenden Pandektisten halten den Satz aufrecht: Mann und Weib haben kein gezweiet Gut bei ihrem Leib (Ssp. I 31 § 1), so Wesenbek ad Dig. 23, 3 n. 11: Jure Saxonico haec quoque (sc. paraphernalia) sunt in usufructu mariti, quando hoc iure uxorem cum omnibus bonis in tutelam et potestatem quandam vir recipiat, nec quippiam habeant inter se coniuges non commune. Ähnlich Stryk ad Dig. 23, 3 § 7 und Carpzov III 25 def. 6: De jure Saxonico uxor et maritus omnia bona promiscue et aequaliter possident, habetque maritus usumfructum omnium bonorum uxoris suae tam paraphernalium, quam dotalium absque ulla differentia et distinctione

aber auch hier, indem man auch diese Nutzungen unter den Gesichtspunkt einer Erleichterung der onera matrimonii bringt.

So schon im Zaiger III 10 § 16: was er mit solchem guet gewint, sol er zu underhaltung irer wiertschaft geprauchen. Walther kennt noch ein allgemeines Recht des Mannes auf die Nutzung, sofern sie nicht die Frau sich ausdrücklich vorbehalten hat: (3, 4.) Was eine Hausfrau ihrem Hauswirth über ihr Heyrath-Gut zubringt, davon hat derselbe ihr Hauswirth die Nutzung ... es wäre dann Sach, daß ihr die Frau in der Heyraths-Beredung oder sonst die Nutzung vorbehalten hätte. Solche Vorbehalte eigener Verwaltung und Nutzung waren aber nach demselben Autor (4, 1 fast wörtlich übergegangen in NÖ Ltf. III 81, OÖ Ltf. III 40 § 1) nicht allzu häufig.[1]

Auf wesentlich anderem Standpunkte stehen bereits die beiden Landtafeln. Die NÖ Landtafel anerkennt zwar noch den Landsbrauch der ehemännlichen Verwaltung (doch kann die Frau auch diesen dem Manne entziehen), sie macht den Mann für culpa in concreto haftbar, sie kennt aber nicht mehr einen ehemännlichen Nießbrauch. Der Mann als Verwalter hat also die Früchte regelmäßig der Frau oder ihren Erben zu verrechnen. Überläßt jedoch die Frau dem Mann die Früchte, dann hat er sie ausschließlich zu ehelichen Zwecken zu verwenden.[2] Die OÖ Landtafel steht auf demselben Standpunkt, nur wird das ehemännliche Verwaltungsrecht jetzt so stilisiert, daß es nicht aus dem Gewohnheitsrecht, sondern aus einer Bevollmächtigung der Frau fließt. Dabei sieht sich aber die Landtafel genötigt, die Vermutung einer solchen Vollmacht in weitem Umfange zuzulassen.

NÖ Ltf. II 28 § 59: Deren haab und gueter, ... mag sich

---

ad vitae suae tempus. Carpzov verpflichtet sogar die Frau zur Rechnungslegung, wenn sie die Früchte ihres eigenen Vermögens verzehrte.

[1] Vgl. OÖ. Tract. cap. 5, wonach das Weib ihr übriges Zubringen in des Mannes „gewaldsam" bringt.

[2] Überläßt die Frau dem Manne die Verwaltung und Nutzung eines Teiles ihrer Güter, dann spaltet sich das Sondergut in zwei Massen, die ich im Anschlusse an die Terminologie der Quellen das „freie" und das „zugebrachte" Sondervermögen nennen möchte. Die Theorie nennt jenes bona recepticia, dieses parapherna. Beckmann 116. Über die recepticia des gemeinen Rechts siehe Lauterbach ad Dig. 23, 3 § 49.

ein ehemann als seiner ehefrauen volmechtiger ehevogt mit der administration oder verwaltung dem lantsbrauch nach wohl mechtigen, doch das er nit geringer treu und vleiß brauch als mit seinem aignen haab und güetern, sonsten stünd ihme die verantwortung und abtrag aller erlittnen schäden zu. do ihme aber seine ehefraw solche verwaltung nit vergunstigen wolt, soll er derselben absteen. was aber solche vorbehaltne gueter ertragen, das gehört der ehefrauen oder ihren erben aigenthumblich neben den haubtguetern zu, es were dann sach, das die ehefraw solche fruchtgeniessung ihrem ehewirt zu besserer underhaltung des ehestants guetwillig ervolgen liesse, alßdann ist er von restitution oder abtrag derselben allerdings entbunden, doch das er solchen genieß zu chonlicher notturft braucht und sonsten nindert anwende.[1]

OÖ Ltf. III 38 § 28: eß khann sich auch der mann alß seines weibs ehevogt derselbigen güeter mit der administration und verwaltung anderer gstalt nit dann mit seiner hausfrauen guetem willen und zuelaß underfangen. waß auch solche vorbehaltene güeter ertragen, daß gehört ainen alß den andern weg dem weib oder ihren erben aigenthumblich sambt der haubtsumma zue. eß sei dann sach, daß die frau solche fruchtnüeßung ihrem ehewirth guetwillig volgen ließe, alßdann ist er von aller restitution und abtrag solcher nutzung allerdings ledig und entbunden. § 29: Solcher zuelaß und bewilligung wird auch mit dem erwisen, daß die frau ihrem ehewürt die kauf-, schuld- und andere brief in seinen handen und gwalt lasst, auch die administration nit widerspricht, welcheß, so eß offenbar ist, weitern oder andern consens oder beweißung nit von nöthen.

Wenn der Mann die Verwaltung des weiblichen Sonderguts hat, ist er der Besitzer, er hat sie „inne“ (Walther 4, 1) „in possess“ (NÖ Ltf. III 81 § 2) „in handen oder besitz“ (OÖ Ltf. III 40 § 1); Eigentümerin bleibt die Frau, darum tritt sie im Nachlaßkonkurs in bezug auf das Sondergut ebenso wie auf das Heiratsgut nicht

[1] Eine Konsequenz dieser Grundsätze ist es, wenn der Mann, der nach der NÖ Ltf. II 7 § 2 die res dotales nicht in Pacht nehmen kann, weil er ohnedies daran die Fruchtnießung hat, nach derselben Stelle, die „andern gueter, welche ihr die ehefrauen frei und ledig vorbehalten . . . er sowohl als ein anderer bestehen“ kann.

als Gläubigerin, sondern als Ausscheidungsberechtigte auf (Walther 6, 3). Überdies ist ihr Rückforderungsanspruch, falls ihr nicht besondere Sicherheit bestellt wurde, durch das Generalpfandrecht am Vermögen des Mannes gesichert.

Zaiger III 10 § 16: und wo der man dem weib solches guets halben sicherhait in dem heiratbrief oder sonst gethon, mag si sich solcher sicherhait oder phandschaft betragen. wo nicht sobald es dann dasselb guet zu handlen angenumen und gelt oder ainicherlai davon emphangen, so ist all des manns guet schweigent dem weib darumb verphendt aus freiung des rechtens. NÖ Ltf. II 28 § 59: es solle auch umb solche vorbehaltene haubtgueter des ehemans haab und gueter der ehefrauen verpfendt sein aus befreiung der rechten. Ebenso auch II 16 § 8.

Sie genießt wohl nicht das weitgehende Rangordnungsprivileg wie für das Heiratsgut, aber sie geht doch den übrigen gesetzlichen Pfandgläubigern vor (NÖ Ltf. III 116 § 3).[1]

Einigermaßen abweichend bestimmt der OÖ Traktat cap. 7 u. 8, daß die Frau, „wenn sie gnugsamen schriftlichen schein oder ordentlichen schuldbrief“ hätte, mit ihrem übrigen Zubringen den übrigen Gläubigern vorgehen solle; andernfalls muß sie mit den Gläubigern, die unverbriefte Forderungen haben, „von dem uberbleibt nehmen was ir jederm ungeverlich nach treulicher außteilung für ain gulden werden mag.“[2]

Die Selbständigkeit der Ehegatten in bezug auf die Verfügungen über das Sondergut kommt nicht nur Dritten gegenüber, sondern

---

[1] Ebenso nach gemeinem Recht, dem sich auch Beckmann 330 anschließt. Vgl. Lauterbach ad Dig. 20, 2 § 3 ff. Carpzov I 28 def. 86.

[2] Auch in bezug auf Besitz, Verwaltung und Nutzung ist in den benachbarten Rechtsgebieten im 16. Jahrhundert die ehemännliche Gewalt nicht so eingeschränkt, die Selbständigkeit der Ehefrau nicht so entwickelt wie in Österreich. In Salzburg (Siegel 94) ist die gesamte Frauenhabe in der Gewalt des Mannes, wodurch der Mann Mitbesitzer, Verwalter und Nutznießer auch desjenigen Vermögens wurde, das die Frau außer dem Heiratsgut besaß. Nach der Tir. LO. III 1 soll der Mann „alles seines Weibs Guet, das sie ihm zubringt, und ihr auch in der Ehe zustehet, Gewältiger, Besitzer, Niesser und Bewahrer sein.“ Die Bayr. Ref. spricht von dem zugebrachten Gut der Frau, ohne das Heiratsgut vom Sondergut zu unterscheiden. Vgl. auch Beckmann 116. Greneck 203. Ogonowski 95. Über das sächsische Recht siehe oben S. 42 N. 2.

auch im gegenseitigen Verhältnis zum Ausdruck. Die NÖ Landtafel in ihrer kasuistischen Anlage versäumt nicht, bei den einzelnen Schuldverhältnissen jedesmal hinzuzufügen, ob sie unter Ehegatten möglich sind. So wird uns ausdrücklich die Möglichkeit von Kauf- (II 1 § 2, vgl. auch Zaiger III 9 § 1), Tausch- (II 6 § 4), Bestand- (II 7 § 2) und Darlehnsverträgen (II 8 § 2), von Zessionen (II 20 § 13 unter ausdrücklicher Berufung auf den „Landsbrauch"), der Eingehung von Gesamtschulden (II 19 § 2ff.), von Verpfändungen für Schulden des andern Teils (II 14 § 1) angeführt. Betreffend Bürgschaften gilt das S. C. Vellejanum in gemeinrechtlicher Form (II 17 § 3, ferner II tit. 18; OÖ Ltf. III 41 § 2—4; Walther 10, 3) Judikatur über das S. C. Vellejanum bei Suttinger 768 ff.

Einer besonderen Besprechung bedarf nur die Frage der Zulässigkeit gegenseitiger Schenkungen. Der „Zaiger" schließt sich dem römischen Recht an und verbietet sie (III 10 § 10 schank oder gab . . . zwischen chonleuten verpotten ist). Darunter gehören auch die Erlassung des geschuldeten Kaufpreises oder Käufe zu verhältnismäßig geringem Preis als Umgehungen des Schenkungsverbotes. (Zaiger III 9 § 1: Wann zwei eeleut etwas an ainander verkhaufen und wierdet dem khaufer von dem andern das khaufgelt oder guet geschenkht, solches ist khain khauf und die handlung soll nicht craft haben, ob auch ain kauf zwischen inen beschicht umb geringes gelt dann der wert des guets ist und wierdet das khaufgelt bezallt, so ist doch der khauf uncreftig umb so vil als das guet geringer verkhauft oder umb sovil daran geschenkht worden ist.)

Dieser Standpunkt wird aber von Walther nicht geteilt. In ausdrücklichem Gegensatz zum gemeinen Recht erklärt er Schenkungen unter Ehegatten für zulässig 4, 3: Wiewolen die geschriebenen Rechten vermögen, daß die sonder Vermächt, so zwischen Eheleuten in stehender Ehe aufgerichtet werden, nicht Krafft haben, sie werden dann mit dem Todt des, so Vermächt thut, bestättet, so ist doch der Lands-Brauch denselben zuwider, dann was ein Landmann seiner Hausfrau in währender Ehe vermacht, das wird stät und fest gehalten etz. . . .[1] Ein solches geschenktes Gut wird regelmäßig im Besitze des Mannes bleiben und von ihm gleich andern Gütern

[1] Siehe auch Weingärtler 95.

der Frau in deren Namen verwaltet.[1] Damit erklärt es sich, daß die Quellen die Vollziehung der Schenkung erst gelegentlich der Auseinandersetzung nach Auflösung der Ehe behandeln. Wir erfahren hierbei (Walther 4, 3, NÖ Ltf. III 89), daß die Schenkung aber bereits unwiderruflich geworden war, wenn der Mann die Frau an einem Grundstück „neben ihm an Nutz und Gewähr schreiben läst". Für Kleider und Kleinodien ist es nicht genügend, wenn der Mann sie zum Gebrauche der Frau kauft, hier ist die Schenkung erst vollzogen, wenn die Sachen der Frau durch „eine ordentliche Donation übergeben und zugestellt" worden sind.

Den gleichen Grundsatz der Zulässigkeit von Schenkungen unter Ehegatten spricht die NÖ Ltf. aus (II 29 § 5): Wiewohl den geschribnen rechten nach die schanknussen, ubergaben und donationen under denen conleuten in wehrendem ehestant verbotten, so ist doch das widerspil von unverdenklichen jharen her in unserm erzherzogthumb Österreich under der Ennß ublich gehalten und allenthalben practiciert worden, derhalben lassen wir es bei solchem althergebrachtem ambtsbrauch nochmahlen genedigist beruhen. Mit fast denselben Worten bestätigt auch die OÖ Ltf. III 31 § 2, daß auch in Oberösterreich „von uralten zeiten hero" Schenkungen unter Ehegatten zulässig waren. Dasselbe lehren die Theoretiker des Gewohnheitsrechts meist mit Beziehung auf Walther. So Weingärtler (95). Finsterwalder IV obs. 22 n. 10—12. Beckmann (113): haec iuris Romani prohibitio in Austria et Stiria non observatur, ubi maritus dives uxori, et vice versa oppulenta uxor marito pro arbitrio inter vivos donare potest quae vult, alias non esset rerum suarum domina; vgl. auch 129. Auch die Praxis anerkennt Schenkungen unter Gatten; so Entscheidung der niederösterr. Regierung vom 22. August 1571 (Finsterwalder a. a. O.).[2]

---

[1] Der Vorbehalt des lebenslänglichen Nießbrauchs macht die Schenkung nicht zur donatio mortis causa. Entscheidung von 1614. Weingärtler 96.

[2] Schenkungen unter Ehegatten waren auch nach vielen deutschen Partikularrechten zum Teil überhaupt, wie in Österreich, zum Teil unter gewissen Voraussetzungen zulässig (z. B. Nichtvorhandensein von Kindern). So nach preußischem Landrecht (4, 14, art. 4 § 1) nach lübischem (1, 1, 5), märkischem Recht (Stryk ad Dig. 24, 1 § 3 ff.); auch nach gemeinem Sachsenrecht. (Carpzov II 13 def. 16. Lauterbach ad Dig. 24, 1 § 9.)

### V. Die Fahrhabe.

### § 9.

Die Bestimmungen der Heiratsverträge über die Fahrhabe betreffen nur deren Schicksale nach Auflösung der Ehe. Sie werden daher in anderem Zusammenhang zu erörtern sein.

---

## Zweiter Abschnitt.

# Rechtsverhältnisse nach Auflösung der Ehe.

### § 10. Einleitung.

Nach dem Tode eines Gatten haben die verschiedenen Vermögensmassen verschiedene rechtliche Schicksale. In erster Linie entscheidet hierüber der Heiratsvertrag,[1] doch geben die Quellen reichliche Interpretationsregeln, da die Verträge sich oft darauf beschränken, die verschiedenen Massen mit ihren technischen Bezeichnungen zu benennen und es unterlassen, die Schicksale der einzelnen Massen genauer festzusetzen.

---

[1] „Pacta servanda sunt“. Das ist ein oft und oft in den Quellen der Zeit wiederholter Grundsatz, der einerseits bedeutet, daß die Ordnung der güterrechtlichen Folgen des Todes eines Gatten der vertragsmäßigen Festsetzung überlassen ist, andererseits, daß eine einseitige letztwillige Verfügung eines Teils den Vertrag gegen den Willen des andern Teils nicht zu ändern vermöge. So sagt der Zaiger III 10 § 9, daß es „pillich ist, was man zu aufrichtung, underhaltung und becreftigung der löblichen chonschaft zuegesagt, das solches volzogen werde. OÖ Ltf. III 38 § 8: Waß nun sowoll diser heirathlichen güeter und vermächtnuß alß auch anderer puncten halber bei schließung der heirath zwischen braut und breutigamb und derselben befreündten und beistand abgeredt und gehandlt wirdt, daß soll auch nachmahlen vesstgehalten und deme mit fleiß nachgelebt werden. Denselben Grundsatz finden wir bei Weingärtler 102; Finsterwalder II obs. 109 n. 1—4. Lauterbach ad Dig. 24, 1 § 1. Stryk ad Dig. 23, 3 § 18; Beckmann 129; Constit. elect. Saxon. II 42 a. E.; III 20. Württ. LR. III tit. 8 pr.: „Sollen steiff gehalten werden“.

## I. Heiratsgut und Widerlage.

### § 11.

Die Bestimmungen über das Schicksal dieser Massen sind äußerst mannigfaltig, oft verweisen die Quellen auch auf die Mannigfaltigkeit der Verträge hin, die in dieser Richtung besonders auseinander gegangen sein müssen.[1] Die älteste unserer Quellen, der „Zaiger", bestimmt hierüber (III 10 § 3): Alle dieweil die gemelten zwai ee- und chonleut bei und mit ainander leben, soll von solchem zuebringen (deß) heiratguet und widerlegung die purden des eelichen stands underhalten werden. wo si dann abgeen und ain khind oder mer hinder inen verlassen, das si mit ainander erobert, dieselben khind erben alßdann solch guet, wie alle recht, naturlich und geschriben gesetz das vermügen, und wann sie khumen zu den fruchtbaren oder vogtberen jaren, daz si geschäft thuen mügen, und ir vatter und mueter abgangen sein und nicht erben, die von recht(swegen) zu enterben nit gebürt, verlassen, haben si macht an iren lezten zeiten und sonst ir vätterlich und mueterlich erbguet zu irer seel hail oder wie sie verlangt zu geben und zu verschaffen, als der erberkhait gezimbt nach irem willen, als auch solches in den titlen von geschäft und erbschaft hernach clarlich anzaigt wierdet. und hat alßdann der erblich widerfall, so di eltern nechsten freund nach derselben fruchtbaren oder vogtbern khindern abgang suechen möchten, darwider nicht stat, dann das khind, (so) die jar seines erbfalls erlebt, hat macht gehabt, das es von recht selbst mit seinem guet hat handlen mugen.

§ 4. Wovern der man vor der frawen stirbt und lassen nicht khind mit ainander, oder das dieselben khind vor iren fruchtbern jaren auch abgeen und vor der mueter, so beleibt die mueter nichts minder bei (irem) heiratguet, widerlegung und morgengab und behellt die güeter, darauf si verschriben sein ir lebenlang. und wann si abstirbt, so geet ir heiratguet den nechsten freunden haimb und die widerlegung fellt des vorgestorbnen manns erben wider haimb oder darfür die güeter, so darumb verschriben sein.

---

[1] Über die frühere Zeit siehe Schröder II 1, 206 ff.

§ 5. Dergleichen ists, wann das weib vor dem man stirbt, und das si nicht khinder mit ainander lassen, oder daz die khind auch vor ine, wie vorsteet, abgeen, so beleibt des weibs zuebringen bei dem mann sein lebenlang, und wann er abstirbt, so fellt dasselb haim, wie obsteet. es haben des abgestorbnen nechsten freund auch wol macht, die verphendten gueter umb die suma des heiratguets und widerlegung oder morgengab, welches dann fellig wierdet, abzulosen gemainclich zwischen weihennachten und lichtmes, doch das dieselben suma gelts der widerlegung wider angelegt oder vergwist werde, damit die erben desselben ersten abgestorbnen nach abgang des anderen, so si khain khind obberuerter massen verlassen, wissen zu finden.

Diese Bestimmungen, so breit sie angelegt sind, enthalten manche Unklarheit und weisen Lücken auf. Vor allem ist nichts über den Hauptfall bestimmt, wenn ein Gatte und unmündige Kinder beim Tode des andern Teils vorhanden sind. Denn § 3 spricht nur von dem Fall, daß die Kinder beide Eltern überleben; dann sollen Heiratsgut und Widerlage jenen gehören und zwar als freies Eigentum, über das sie auch letztwillig verfügen können, sofern sie die Mündigkeit erlangen, und zwar unter Ausschluß jedes Widerfalls dieser Güter an die nächsten „Freunde“ der Eltern.

§ 4 behandelt den Fall, daß die Frau den Mann überlebt und keine Kinder vorhanden oder doch noch vor der Mutter in der Unmündigkeit gestorben sind. In diesem Fall erhält die Witwe Heiratsgut und Widerlage zum lebenslänglichen Genusse. Nach ihrem Tod fällt das Heiratsgut ihren Verwandten zu, und zwar scheinen diese ein Recht auf den Anfall zu haben, weil für die Morgengabe im Gegensatz hierzu in § 6 das Recht der Witwe betont wird, sie zu hinterlassen, wem sie will, und nur für den Fall des Mangels einer solchen Verfügung die Verwandten die Morgengabe „gewinnen“. Das Recht der Witwe an dem Heiratsgut ist daher wohl nur als Leibzucht aufzufassen. Weil in der maßgebenden Stelle Heiratsgut und Widerlage zusammen genannt werden und der Witwe hieran ein „lebenslängliches“ Recht zugesprochen wird, ist das Recht der Witwe an der Widerlage wohl auch als Leibzucht aufzufassen. Der Heimfall findet an die Verwandten des Mannes statt.

Nach dem Tode der Frau soll „des weibs zuebringen“ bei dem Manne zur lebenslänglichen Leibzucht bleiben, dann fällt es ihren

Erben zu. Auch hier liegt eine Unklarheit vor. Wir sahen oben S. 12 und 40, daß der Begriff „Zubringen“ ein weiterer ist, als der des Heiratsguts, denn er umfaßt auch das nicht als Heiratsgut bestimmte Vermögen der Frau, soweit es unter die Verwaltung des Mannes kam. Es ist daher zweifelhaft, ob die Leibzucht des Witwers nur am Heiratsgut oder auch an dem sonstigen unter seine Verwaltung gebrachten Frauengut bestand.

Noch unklarer drückt sich die Quelle über das Schicksal der Widerlage im Falle des Todes der Frau aus. Jedenfalls kann sie nicht unter den Begriff des Zubringens fallen, denn sie stammt ja vom Manne und wurde nicht von der Frau „zugebracht“. Über diese Widerlage ist bestimmt, daß die Verwandten sie gleich dem Heiratsgut in Geld ablösen können, daß jedoch die dafür bestimmte Geldsumme wieder angelegt und versichert werden müsse für die Erben des erstverstorbenen Gatten. Wiewohl nun dieser Paragraph ex professo vom Überleben des Mannes handelt, ist es doch sehr unwahrscheinlich, daß auch die vom Manne für die Frau bestimmte Widerlage nach seinem Tod an die Erben der Frau fallen soll, und daß für die Widerlage, nicht aber für das Heiratsgut eine Sicherstellung angeordnet wird. Es scheint vielmehr der letzte Absatz dieses Paragraphen sich allgemein auf das Überleben eines Gatten zu beziehen (dazu stimmt auch der Ausdruck „ersten abgestorbenen nach abgang des andern“) und der Ausdruck „Widerlegung“ hier nicht technisch die Gabe des Mannes, sondern gleichfalls allgemein die Gegengabe (sonst „Gegenvermacht“ genannt) des Verstorbenen zu bedeuten. Der Sinn der Stelle wäre dann der: der überlebende Gatte hat an den ihm als „Vermacht“ bestimmten Gütern des Verstorbenen (also die Frau an der Widerlage, der Mann am Heiratsgut) eine lebenslängliche Leibzucht, nach dem Tod des Überlebenden tritt Heimfall an die Verwandten des Verstorbenen ein. Die Verwandten haben das Recht, die Leibzuchtsgüter durch eine Geldsumme einzulösen, der Gatte muß jedoch andere Güter an deren Stelle als Sicherheit für die Heimfallsberechtigten bestimmen. In gleicher Weise behält der Überlebende eine Leibzucht an dem „Gegenvermacht“, das er selbst gegeben hatte, die Frau am Heiratsgut, der Mann an der Widerlage.

Wie oben erwähnt, ist für den Fall, daß ein Gatte den andern überlebt und zugleich Kinder vorhanden sind, keine Bestimmung getroffen. Man wird aber annehmen müssen, daß in diesem Fall dem überlebenden Gatten an der Gabe des andern jedenfalls nicht mehr Recht zustand als bei unbekindeter Ehe, also nur Leibzucht. Das Gut selbst fällt nämlich nach § 3 nach dem Tode beider Eltern (also Heiratsgut und Widerlage) an die Kinder, der Längerlebende konnte es also bei seinen Lebzeiten den Kindern nicht mehr entziehen. Der Umstand, daß für eine Auseinandersetzung des überlebenden Ehegatten mit den Kindern keine Regel aufgestellt ist, legt die Vermutung nahe, daß der „Zaiger" eine solche Auseinandersetzung nicht kennt, sondern den Beisitz des Überlebenden eintreten läßt.

Auch die Bestimmungen in III 10 §§ 17 u. 18 über die Rechtsverhältnisse bei Wiederverheiratung sprechen nicht gegen die Zulässigkeit des Beisitzes, im Gegenteil, sie lassen ihn sehr wahrscheinlich erscheinen. (Siehe darüber unten § 18.) Aus der Quelle selbst ist die Frage des Beisitzes nicht mit Sicherheit zu entscheiden, doch gewährt die Betrachtung der nachbarlichen Rechte manchen Aufschluß. In Salzburg bestimmte das Kessendorfer Weisthum (Österr. Weisthümer I 38): ... gewinnen si erben miteinander, die erben ihr baider guet; gehet aber ain leib ân erben ab, so soll die ander lebentig persohn des verstorbnen guet sein lebenlang unverkomert inhaben, gebrauchen, nuczen und niessen; wann si aber beede mit todt abgangen etc. Ganz ähnlich die Altenthaner (I 27) und Haunsberger Weisthümer (I 55). Also auch hier Nutznießung des Überlebenden; eine Auseinandersetzung nach dem Tod des Erstverstorbenen wird aber nur geregelt, wenn keine Kinder vorhanden sind. Auch Siegel (97) kommt zu dem Schluß, daß eine Auseinandersetzung des Längerlebenden mit den Kindern in aller Regel nicht stattgefunden habe.

Noch deutlicher bestimmt die Bayrische Reformation 44, 1: Wo ain Man stirbt unnd ain Eelich weyb und kinder hinder jm verlässt. So sol der frawen volgen, was sy zu jrem mann pracht hat, und jr morgengab, und dieweil sy jren wittib stuel nit verruckht und sich erberlich hellt, nach rat der Gerhaben mag sy bey den Kindern haußhaben und den gerhaben järliche rechnung thun .... 44, 3: Wo ain man nach seiner haußfrawen todt, die ohn leibs Erben vergangen, das heyratguet, So er von jr empfangen, jnnhat, das mag er nützen und nyessenn, oder sein lebtaglang verkhümern. Doch on schaden unnd mynndrung des guets, unnd nach des manns tod so volgt sölh heyratguet seiner eegestorben haußfrawen nägsten erben. Deßgleych ob ain fraw jrs manns, der on leibs erben vergangngen ist, widerlegung jnnhat, So mag die fraw söllich widerlegung in obberüerter maß auch jr lebtaglanng nützen, nyessen oder verkümmern.

Also auch hier, wenn auch mit einigen Verschiedenheiten Beisitz des Überlebenden mit den Kindern und Leibzucht an der Ehegabe.[1]

Dagegen ist ein Beisitz schon bei Walther ausgeschlossen. Hier hat die Witwe nach des Mannes Tod bestimmte Ansprüche, und zwar ist sie „ihres Vermächts und Zustellung ihres Heyrath-Guts, Widerlag" etc. abzufertigen (3, 1). Welcher Art diese Abfertigung ist, ist betreffend die Widerlage in Kap. 16 gesagt. Es heißt dort: „Wann die Wittib ihrer Widerlag mit baaren Geld durch die Erben abgefertiget wird, so ist sie solch Geld auf liegende Güter in diesen Land anzulegen, oder sonst mit Pfand oder Bürgschafft zu vergewissen schuldig, damit nach ihren tödtlichen Abgang die Erben solch Geld wiederum zu ersuchen und zu bekommen haben, es wäre dann solche im Heyraths-Brief anderst ausgetruckt." Bezüglich des Heiratsguts wird Sicherstellung nicht gefordert, es wird aber auch nicht ausdrücklich der Witwe die Verfügung über die Substanz zugesprochen, wie dies bezüglich der Morgengabe der Fall ist.

Doch ist dies bei der Kürze und Prägnanz in Walthers Ausdrucksweise nicht auffällig. Das Heiratsgut war immer Gut der Frau, es wird nun deren freies Eigentum, die Widerlage dagegen dient der Witwe nur zum Nießbrauch, sie fällt nach ihrem Tode an die Erben des Mannes zurück. Ein Unterschied von bekindeter und

[1] Die Tiroler LO. 3, 6 kennt wohl keinen gesetzlichen Beisitz mehr, doch einen testamentarischen, indem derjenige, dem letztwillig die lebenslängliche Nutznießung am Gut des Verstorbenen hinterlassen wurde, die Verpflichtung hat, die Kinder zu erhalten und zu erziehen.

Anklänge an den Beisitz finden sich auch im Böhmischen Stadtrecht F. 49. Vgl. dazu Böhm. LO. M. 2. Mähr. LO. fol. 158; Ogonowski 71. Beckmann 519. Noch aus dem 18. Jahrhundert für die Untertanen bei Greneck, Theatrum jurisdictionis Austriacae 1752, 273.

unbekindeter Ehe wird nicht gemacht, es ist aus der mehrfachen Erwähnung von Kindern (Kap. 1 und 12) ersichtlich, daß die Regelung auch bei Vorhandensein von Kindern gleich gedacht ist wie beim Fehlen von solchen.

Dem Witwer soll „alles was das Heyraths-Vermächt vermag, aus der verstorbenen Frauen Gut erfolgen und zustehen", eine nähere Bestimmung wird nicht gemacht, (4, 1).

Die NÖ Landtafel gibt nicht einfach allgemein gültige Interpretationsregeln und suppletorische Bestimmungen, sondern sie versucht die gebräuchlichsten Verschiedenheiten der Heiratsverträge darzustellen. Ihr zufolge können über Heiratsgut und Widerlage dreierlei Verabredungen getroffen werden:[1]

1. „Auf Überleben oder Kopf um Kopf."[2] In diesem Fall fällt dem Überlebenden, gleichgültig ob die Ehe bekindet war oder nicht, das Eigentum an Heiratsgut und Widerlage ohne jeden Heimfall an Verwandte zu. Der Witwer lukriert also das Heiratsgut der Frau und behält seine Widerlage zurück; an die Erben der Frau fällt nur ihr Sondergut und die Morgengabe. Umgekehrt erhält die Witwe Heiratsgut und Widerlage zu Eigen gleich der Morgengabe (NÖ Ltf. II 28 § 2).

2. „Auf gesamte Hand". Hier erhält der Überlebende seine „aigne vermachte gab wider frei, ledig und aigenthumblich ohn allen widerfall", also die Frau das Heiratsgut, der Mann die Widerlage. „Die gegen vermacht gab aber felt denen kindern oder, wo die nit vorhanden, des abgestorbnen negsten befreundten mit dem aigenthumb haimb. doch hat der uberlebende thail in craft gesandter hant sein leben lang dasselb vermacht zu gebrauchen und zu niessen, es

---

[1] Die Bestimmungen der NÖ Landtafel beruhen nach einem Zitat bei Finsterwalder IV obs. 108 n. 25—27 auf einer Stelle Walthers de jure consuetud. Austr. lib. 2 tit. 16.

[2] Die hier gebrauchte Terminologie wird auch sonst angewendet. So in Urteilen der niederösterr. Regierung. „Die Gewähr auf Uberleben macht, daß der Ehemann in währender Ehe ausser seines Ehe-Weibs Willen nichts verkauffen kan" (von 1639 Suttinger 291 f.). „Gewähr auf die gesammte Hand vermag so viel, daß der Uberlebende das Gutt gantz unzertheilter bey einander, doch unverthuendlich innen habe und damit seinen Nutzen, wie gesammte Hand vermag, suchen und brauchen möge (von 1600 Suttinger 291). Siehe auch Reutter ad Tab. 19 n. 48 ff.

seind gleich kinder vorhanden oder nit (§ 5). Die Strein-Linsmayersche Redaktion bemerkt hierzu, daß diese Art „under den zwaien oberen ständen breuchiger" sei (II 17 § 8). Wenn wir nach dieser Mitteilung die Verabredung auf Gesamthand wenigstens für den Adel als die Regel ansehen dürfen, so erhöht sich die Wahrscheinlichkeit für die oben dargelegte Auffassung des nur wenig älteren Zaigers, um so mehr als sie auch mit Walthers Ausführungen übereinstimmt. Diese Leibzucht des Längerlebenden dauert auch bei Wiederverheiratung fort, bei seinem Tod erlischt sie, und die „fruchtgeniessung" wird mit dem „aigenthumb wider consolidiert" (NÖ Ltf. II 28 § 6). Wenn das Vermächt in Gütern, also nicht in einer Summe Geldes, besteht, können die Eigentümer sowohl unter Lebenden, als auch von Todes wegen nur unbeschadet der Rechte des Fruchtnießers darüber verfügen (§§ 7 u. 8). Gleich Walther gibt auch die NÖ Landtafel den Eigentümern das Recht, vom Nießbraucher bei einem in Geld bestehenden Vermächt Versicherung und zwar auf einem liegenden Gut zu begehren (§ 9), und wenn das Vermächt ohnedies aus liegenden Gütern besteht, so können sie dafür Kaution verlangen, „das die uberlebent persohn solches widervolliges gueth unverthuelich, stiftlich und peulich halten wölle" (§ 10).

3. Den dritten Fall regelt die NÖ Landtafel folgendermaßen (§ 11): Do aber furs dritt vorbemelter geding kaines beschech,[1] auch die heuratsabredt weder auf uberleben, noch wie gesandter hant recht ist, beschlossen würdt, so felt der uberlebent chonpersohn sein vermecht und des verstorbnen gegenvermacht seinen kindern oder negsten befreundten frei ledig mit aigenthumb und fruchtgeniessung wider haimb. Diese Bestimmung ist, soweit sie das Heiratsgut betrifft, leicht verständlich. Der Mann genießt es während der Ehe, stirbt er, so fällt es der Frau zu, überlebt er die Frau, so restituiert er es den Erben der Frau. Nicht so verständlich ist dies bezüglich der Widerlage. Der Witwer behält sie als Eigentum, stirbt der Mann, so fällt sie an dessen Erben. Man fragt sich, was die Bestellung einer Widerlage seitens des Mannes außer etwa der Sicherstellung des Heiratsguts für einen Zweck haben soll, wenn die Witwe gar nichts davon erhält, sondern Eigentum und „frucht-

[1] Die Strein-Linsmayersche Redaktion fügt hinzu: welches doch mit nichte zu underlaßen, auch selten beschicht.

geniessung" den Kindern und in deren Ermanglung den Seitenverwandten zufällt.

Diesen mehrfachen Eventualitäten entsprechend sagt auch die NÖ Landtafel (III 84 § 1) in der der oben zitierten Stelle Walthers entnommenen Bestimmung einfach, die Witwe sei „des vermachts vermueg ihres habenden heuratbriefs genzlichen" abzufertigen, ohne die Ansprüche näher zu spezifizieren.

Wieder anders bestimmt die OÖ Ltf. (III 38 § 6): Wo aber insonderheit nichtß gewißes abgeredt und beschloßen worden, sonder allain dahin gehandlt worden, daß es nemblichen auf aineß oder deß andern ehegatten absterben solle dem durchgehenden landßgebrauch nach gehalten werden, so soll eß den verstand haben, daß wann kheine khinder von deß verstorbnen persohn vorhanden, daß heirathguet oder widerlag dem überlebenden thail aigenthumblich haimbfalle und er den andern nechst befreündten seitenerben davon ichtes hinaußzugeben nit schuldig sein solle. wo aber kinder vorhanden, so soll vermeldt heiratguet oder widerlag mit dem eigenthumb khomen, doch der überlebende thail deß biß auf anderwerthß verheirathung zue genüeßen haben.

Hiernach erhält der Witwer das Heiratsgut, die Witwe die Widerlage und zwar bei unbekindeter Ehe zum Eigentum, bei bekindeter Ehe zum Genuß. Zum zweiten Fall gehört die Bestimmung in III 40 § 16, wonach die Widerlage seitens der Witwe für die Erben des Mannes sicherzustellen ist (wörtlich aus Walther 3, 16 übernommen. Siehe oben S. 53).

Einigermaßen abweichend bestimmte der von Motloch publizierte Traktat über das eheliche Güterrecht in Oberösterreich. Kap. 4, 3: Wann nun aber der mann vor dem weib stirbet und das weib obgehörter massen abgefertigt wirdt, so hat sie under dem herrn- und adlstande die widerleg nuer ihr leben lang unverthänlich inzuhaben, zu nüzen und zu niessen. und wan sie auch tods abgeet, so felt alsdan dieselbe widerlag widerumb hinter sich auf ieres haußwirts negste erben oder freund, er hette ier dan dieselbe im hairats-contract oder sonderbarem testament oder einer ordentlichen donation verschafft oder vermacht. 4. Wann aber das weib vor dem mann stirbt, so felt im sein widerlag und morgengab, wofer sie die in ierem leben nit verschafft, das sie doch guet fueg und macht hett, sampt aller ierer verschribenen varunden haab frei widerumb haim. davon ist er ieren negsten erben oder freunden etwas hinaußzugeben nicht schuldig alß was ungeverlich im hairatsbrief oder vermaht begriffen und benent, so anders ainer aufgerichtet worden. ier zubracht hairatguet aber hat er allein sein leben lang unverthönlich innzuhaben, zu nuzen und zu niessen, und nach seinem tödlichen abgang fehlt dasselbe in ainem sonderbaren testament oder ordentlichen donation verschafft und vermacht. 5. Aber unter der burger- und paurschaft, in stätte[n] markhten und auf dem land felt kain widerlag noch hairatguet hinder sich, sondern bleiben beed des lebendigen aigenthumlich. davon ist es des verstorbenen erben oder freunden nichts hinaußzugeben schuldig, alß was das verstorbene in seinem leben durch testament oder sonderliche legat seinen erben davon verordnet, testirt oder legirt hette.

Die Grundzüge sind die gleichen; der Überlebende erhält die dem Vorverstorbenen zugedachte Gabe frei zurück und überdies die ihm vom Verstorbenen zugewendete Gabe entweder als Eigentum oder zur Nutznießung, nur ist hier das Kriterium nicht, ob die Ehe bekindet ist oder nicht, sondern ob die Eheleute dem Adel angehören oder nicht.

Weingärtler (99) läßt das Eigentum an der Widerlage an die Witwe übergehen, sofern nicht der Vertrag deren Recht auf die Nutznießung einschränkt (donationis pr. n. dominium transeat in uxorem . . . nisi pactis dotalibus expresse insertum sit, quod uxor, donec vivat, donatione p. n. fruatur, quo casu uxore mortua transmittitur ad proximos heredes mariti) und beruft sich auf ein Urteil des landmarschallischen Gerichts von 1584. Beckmann dagegen (559) läßt der Witwe regelmäßig die Widerlage zur Nutzung und gibt ihr das Eigentum nur, wenn das besonders festgesetzt wurde, was nach seinem Zeugnis allerdings häufig der Fall war. Finsterwalder (IV obs. 18 n. 24ff.) stellt nach Walther die drei „unterschiedlichen pactionen“ auf, die oben nach der NÖ Landtafel zitiert wurden. Reutter (ad tab. 19 n. 43ff.) enthält in der Lehre von der dreifachen „Gewöhr“, auf Heiratsgut und Widerlage angewendet, gleichfalls diese drei Verfügungsarten.

Bei aller Verschiedenheit der Quellen lassen sich doch gemeinsame Grundzüge der Bestimmungen herausfinden; als der Normalfall gilt, daß der Überlebende die eigene Gabe als Eigentum zurücknimmt und die Gegengabe zur Nutznießung erhält, während das Eigentum daran an die Erben des Vorverstorbenen fällt; alle Abweichungen von dieser Regelung beziehen sich darauf, daß in gewissen Fällen (Vereinbarung, Vorhandensein von Kindern, bei bestimmten Ständen) der Überlebende statt der Nutznießung das Eigentum an dem Vermächt erhält.

## II. Die Morgengabe.

### § 12.

Die Morgengabe ist bereits durch ihre Bestellung Gut der Frau geworden. Diese konnte, wie wir oben sahen, bereits während der Dauer der Ehe darüber verfügen. Sie wird darum auch bei Auflösung der Ehe wie ein Stück vom Sondergut der Frau behandelt.

Überlebt die Frau den Mann, dann erhält sie nebst den anderen Zuwendungen auch die Morgengabe (Walther 3, 1; OÖ Ltf. III 40 § 2). Der besondere Charakter dieser Zuwendung äußert sich in diesem Falle darin, daß alle besonderen Beschränkungen zugunsten von Kindern oder Verwandten des Mannes, wie z. B. Beschränkung auf lebenslänglichen Genuß, hier nicht vorhanden sind, und daß darum die Morgengabe freies Eigentum der Witwe wird (Walther 3, 17; Zaiger III 10 § 6; NÖ Ltf. II 28 § 17; OÖ III 38 § 24; Weingärtler 103).

Stirbt dagegen die Frau vor dem Manne, dann wird die Morgengabe als ein Stück ihres Nachlasses betrachtet, sofern nicht der Ehevertrag besondere Bestimmungen für diesen Fall enthielt. Es wird also in erster Linie eine letztwillige Verfügung der Frau dafür maßgebend sein, an wen der Witwer die Morgengabe zu entrichten hat. In Ermangelung eines solchen letzten Willens tritt die gesetzliche Erbfolge ein, die Morgengabe fällt daher in diesem Falle in erster Linie an die Kinder der Frau, in zweiter Linie an ihre Verwandten. Der Mann hat die Morgengabe gleich dem Sondergut der Frau an den Berechtigten zu restituieren, es bleibt ihm auch keine Nutznießung (Zaiger a. a. O.; NÖ Ltf. a. a. O.; Weingärtler 103; Beckmann 312).

## III. Die Fahrhabe.

### § 13.

Eine besondere Stellung nimmt unter den Ansprüchen der Witwe derjenige auf einen Anteil der Fahrhabe ein, nicht nur daß in Heiratsverträgen hierüber regelmäßig[1] Bestimmungen getroffen wurden, es finden sich suppletorische Normen für den Fall, daß im Heiratsvertrag die Fahrhabe nicht erwähnt wird, ja auch für den Fall, daß Heiratsverträge gar nicht errichtet werden. Die Bestimmungen über Fahrhabe sind die einzigen, die ein gesetzliches Ehegüterrecht darstellen. Fehlen vertragsmäßige Bestimmungen über Liegenschaften, dann hat die Ehe auf die Rechtsverhältnisse der Gatten gar keinen Einfluß, die Liegenschaften bleiben Sondereigen der Gatten, sie fallen nach ihrem Tode ihren Erben zu, der überlebende Gatte hat weder auf das Ganze noch auf einen Teil, weder auf Eigentum noch auf Nutzung einen Anspruch.[2] Die Bestimmungen über die Fahrhabe geben darum dem Ehegüterrecht eine besonders charakteristische Färbung, um so mehr, als für derartige Normen im römischen Recht keinerlei Anhaltspunkte vorhanden waren und daher gerade dieser Teil des Ehegüterrechts eine besondere Abweichung vom Dotalrecht zeigt.

Der Begriff Fahrhabe fällt mit dem römischen der „res mobiles" durchaus nicht zusammen, er ist wenigstens zu Anfang des 16. Jahrhunderts noch in ganz mittelalterlich-deutscher Weise besonders begrenzt und erleidet im Laufe der Zeit mancherlei Umwandlung. Aber nicht nur die besondere Begriffsbestimmung, auch die Normen über das Schicksal der Fahrhabe reichen weit in das Mittelalter zurück. Das österreichische Landrecht des 13. Jahrhunderts[3] und

---

[1] Zaiger III 10 § 1 zählt die Punkte auf, die man in Heiratsverträgen festzusetzen pflegt, „heiratgut, widerlegung, morgengab und im ende redet man von der varenden haab". Die NÖ Ltf. II 28 § 30 meint „es ist nit ohn das der varenden haab halben zu zeiten under dem adl auch bei denen geringern stenden heuratliche beretnus und beding beschehen.

[2] Walther 3, 19: Wann ein Heyrath ausser einiger Heyraths-Vermächt beschieht . . . was liegende Güter seyn, darvon ist man der Wittib nichts schuldig.

[3] Art. 26: Und ist daz er da stirbet an gescheft, was er varundes gutes hat, da sol niemant dhain recht zu haben, wann sein hausfrau. Zu bemerken

das steirische Landrecht aus dem 14. Jahrhundert[1] hatten der Witwe die ganze Fahrhabe zugewiesen.[2]

Reste dieses einstigen Rechtszustandes finden sich nun zahlreich in den Quellen unserer Periode. Der „Zaiger“ (III 17 § 4) bestätigt uns zunächst die Existenz eines Gewohnheitsrechts, wonach die gesamte Fahrhabe nach dem Tode des Mannes an die Witwe fällt. Aber bereits diese Quelle lehnt sich dagegen auf. Man findet, daß diese Bestimmung dem armen Adel sehr verderblich sei: „dann des adls claider und clainat, die si etwo lange zeit zu eeren gebraucht, khumen in fremb hend, so die wittib wider heirat. und wie sollen die schulden bezallt werden, so die waisen villeicht nichts merers als die frucht und varend haab wissen? und hat mancher armer ritterßman mer an varenden dann ligenden guetern, damit er sein haußwiertschaft erlich underhalten.“ Darum wird für die Zukunft bestimmt, daß die Witwe bei bekindeter Ehe aus dem Gesetz nur einen Kindesteil an der Fahrhabe erhalten solle. Bei unbekindeter Ehe dagegen erhält die Witwe auch in Zukunft alles. Es taucht nun die Frage auf, ob diese Fahrhabe eine aus Mannesgut und Zubringen der Frau gebildete einheitliche Masse bedeutet, oder ob die Frau bei Lebzeiten des Mannes eine gesonderte Fahrhabe besitzt. Aufschluß hierüber gibt uns der „Zaiger“ a. a. O. § 5 und 6. § 5: In der varenden haab wierdet nicht gerait phand noch satzbrief noch geltschuld, item reitroß, harnisch, püchsen, bulfer, armbrust, schwert, degen, es sei (mit silber) beschlahen oder nicht, und allerlai weer,

---

ist, daß dieser Satz sich nur in den Hs. findet, welche die ältere engere Fassung dieser Rechtsquelle enthalten. Schwind und Dopsch Ausg. Urkunden zur österr. Verfassungsgesch. der deutsch-österr. Erblande 61.

[1] Art. 189: Wan einer stirbt, der weib und chind hât, so ist das varûnd gut der witiben voraus zu der morgengab.

[2] Diese Bestimmung des älteren Rechts war eine Ergänzung des Systems der Vormundschaftsgewere und zugleich eine versteckte Mobiliargemeinschaft. Die Vormundschaftsgewere des Mannes vereinigte in seiner Hand die Disposition über die Fahrhabe der Frau mit dem Rechte darüber wie über die eigene zu verfügen und bewirkte bei dem wechselnden Charakter beweglichen Vermögens, dem fortwährenden Ersatze des Alten durch das Neue, eine vollständige Verschmelzung der Massen. Damit ist aber der Gedanke der Mobiliargemeinschaft im Prinzipe schon gegeben, er besteht darin, daß nach der Auflösung der Ehe eine Aussonderung des Frauengutes aus der Fahrhabe nicht stattfindet, sondern daß die gesamte Masse dem überlebenden Gatten zufällt.

so zu der ritterschaft und behuetung der gschlösser gehören. § 6: Item frawen-ringl, porten, gebendt, frawenkhetten, und was zimblicher clainatl sein, sollen ainer wittib ungethailt beleiben, ausgeschlossen teuerlich ring und petschad-ring. des manns khetten und perlin geschmuckh, so ainer frawen nicht zuegehören, sol in gleiche thailung khumen.

Wir entnehmen daraus, daß die Fahrhabe als einheitliche Masse gedacht ist, und daß sich eine Menge Anklänge an das sächsische Heergerät und die Gerade finden. Die Ausnahme von Reitroß, Rüstung und Waffen aus dem Begriff der Fahrhabe geschieht, ohne daß ausdrücklich gesagt wäre, was damit zu geschehen habe; allein aus dem Beisatze „allerlai weer, so zu der ritterschaft und behuetung der gschlösser gehören", legt es nahe, daß der Gesetzgeber sie den Erben und zwar aus dem Grunde zuweist, weil er sie als Pertinenzen der Burgen betrachtet. Daraus ist zu ersehen, daß die ursprüngliche Vorstellung, das Heergerät müsse dem nächsten Schwertmagen zufallen, nicht mehr klar aufgefaßt und der Grund für die Ausscheidung von Wehr und Rüstung aus derjenigen Masse, welche der Witwe zufallen soll, nicht mehr verstanden wird. Man behält den alten Brauch bei, aber man schiebt ihm einen neuen Grund unter, indem man das Heergerät als Zubehör der Burg zu unbeweglichem Gut macht und damit für dessen Vererbung die Regeln über unbewegliche Güter in Anwendung bringt.

Aus § 6 aber, der eine Reihe weiblicher Gebrauchsgegenstände der Witwe zuweist, und zwar ungeteilt, sie also aus der „Fahrhabe" ausscheidet, sehen wir, daß an sich auch dasjenige, was der Frau gehörte, in die Teilung einbezogen wird. § 7 ebda. bestätigt dies, indem er bestimmt, daß eine Frau, die dem Manne zu seinem beweglichen Vermögen Fahrhabe zubringt, ein Inventar ihrer Habe anlegen kann, damit sie nach ihres Mannes Tod die inventierte Habe aussondern könne: wo si aber der khains thät und vermenget ir haab mit des (mannß) so wierdet geacht, der man sei herr der varenden haab aller, und hat die fraw nicht(s) davon als ir guet auszusondern, ausserhalb des so oben gemellt oder ir vermacht oder verschafft ist. Das inventierte Gut ist also Vorbehaltsgut der Frau und als solches von der sonst zur Verteilung gelangenden Masse ausgeschieden, während die restliche Fahrhabe der Frau in die Teilung kommt.

Daß die Witwe auch nach Wiener Stadtrecht die Fahrhabe

oder doch einen Teil daraus nach dem Tode des Gatten erhielt, zeigt uns eine Stelle der „Wiener Freiheiten“ von 1529 (Cod. Austr. II 487), die bestimmt, daß eines Bürgers Witwe, die ohne Zustimmung der Verwandten ihres ersten Mannes oder der Stadtobrigkeit eine ‚nachteilige‘ Ehe eingeht, „den Kindern, so sie bey ihren vorigen Haußwirth gehabt, den Theil fahrender Haab so vil ihr der sonst zugestanden ... verfallen sey; hätte sie aber nicht Kinder, alsdann deß ersten Haußwirths Freunden auß der fahrenden Haab (so ihr gebührt) allein der halbe Theil darauß und die Übermaß ihres vorigen Haußwirths Freunden folgen soll“.

Während wir in dem „Zaiger“ noch ziemlich deutlich die Fahrhabe beider Gatten als einheitliche Masse behandelt sehen, aus der nur gewisse Sondermassen, die an Heergerät und Gerade erinnern, ausgeschlossen sind, verwischt sich das Verhältnis bereits in Walthers Traktaten, und zwar sowohl in den Bestimmungen über das, was als Fahrhabe zu gelten hat, als auch in denjenigen, die das Schicksal der Fahrhabe regeln.

Was den Begriff der Fahrhabe betrifft, so zeigt uns die ganze Veränderung die exemplifizierende Anfzählung Walthers 3, 2: „In den Heyraths-Briefen wird unter dem fahrenden Haab verstanden Getraid, Wein, Gestütt, groß und klein Vieh, Hausrath, Baarschafft, verbrieft und unverbriefte Schulden, Harnisch, Büchsen und Pulver, Silbergeschirr, Kleinodien und in Summa alles, so beweglich ist, ausserhalb dessen, so in dem Heyrathsbrief von jetztbemeldten Stucken insonderheit ausgenommen oder vorbehalten wird.“

Hieraus ergibt sich zunächst, daß der Begriff „fahrende Habe“ sich nunmehr dem römischen Recht mehr entsprechend nach dem Merkmal der Beweglichkeit richtet; ferner daß die Aufstellung der besonderen Spezialmasse des Heergeräts fallen gelassen wird, indem Gegenstände, die dieser Masse angehörten, nunmehr unter die fahrende Habe gerechnet werden. Wegen des Restes der Gerade siehe unten. Dabei ist besonders zu beachten, daß die ganze Begriffsaufstellung und Demonstrierung an Beispielen bloß den Zweck verfolgt, die Ansprüche des überlebenden Ehegatten an der Fahrhabe zu regeln.[1] Endlich ist noch zu beachten, daß der auf-

[1] Wie sehr übrigens der Gebrauch trotzdem an diesen Spezialmassen festhielt und sie wenigstens durch ausdrückliche Vorbehalte vor dem Aufgehen in eine unterschiedslos aufzuteilende gemeinsame Fahrhabe zu retten suchte,

gestellte gesetzliche Begriff der Fahrhabe nur subsidiäre Geltung hat, und daß abweichende vertragsmäßige Bestimmungen des Begriffs der fahrenden Habe möglich sind.

Die Bestimmung Walthers ist in Püdlers NÖ Ltf. (III 86 § 1) wörtlich übernommen. Die OÖ Landtafel tut das gleichfalls, doch schickt sie eine der Linsmayerschen Rezension II 17 § 19 entnommene Einleitung voraus, welche die Subsidiarität der Begriffsbestimmung noch stärker betont und insbesondere die Geltung abweichender partikulärer Gewohnheitsrechte salviert. III 40 § 6: Demnach auch in heiratsbriefen gemeinclich der vahrunden haab meldung geschiecht, und aber under den namen vahrnnß etwo an einem orth oder statt mehrers oder wenigers dann in der andern verstanden wirdt, derowegen soll vorderist auf iedes orths, da die heirath abgeredt und beschloßen worden, beweißliches herkhomen gesehen werden. wo aber khein gewißer und sonderlich erweißlicher widriger gebrauch khann angezogen werden, so solle under dem wort und namen der vahrunden (haab) verstanden werden etz. (Siehe auch Weingärtler 98 und Finsterwalder IV obs. 1 n. 42.)

An diese Begriffsbestimmungen schließen Walther und seine Nachfolger noch einige kasuistische Erörterungen.

---

zeigt uns die Linsmayersche Umarbeitung der NÖ Landtafel, die in II 17 § 18 bestimmt: Wiewol dann auch gemainglich lauter vorbehalten wirdet, das under solcher varunder hab des manns tails seine claider, wehren, russtungen, das beste reitpferd und waz sonsten zu seinem leib gehört, auch wo es ein gelerter die püecher und bei denen handlsleüthen die handlsgueter und wahren, dann der frauen tails gleichfals ire claider, clainoter, end, gependt und was zu irem leib ir als eigen gehörig, außgenumen sein solle. iedoch ob etwo auch solchs dermaßen austrukhlich vorzubehalten underlaßen wurde, solle es doch damit iederzeit disen gwißen verstand und eigentliche mainung des vorbehalts haben.

Konsequenterweise läßt daher § 19 dieser Rezension, der sonst die wörtliche Wiederholung der oben zitierten Stelle aus Walther 3, 2 ist, die Beispiele „Harnisch, Büchsen, Pulver, Kleinodien" weg. Weingärtler (97—98) zitiert eine Regierungsentscheidung vom 23./10. 1540, die wörtlich die oben zitierte Stelle Walthers bringt, jedoch fortfährt, „weniger bay abfertigung der Witfrauen unter der Fahrnuß Püchen, Harnisch, Pulver, Roß und Wägen gezehlt wird." Dieselbe Entscheidung bei Suttinger 229. Auch in Salzburg (Siegel 99) war das, was zu des Mannes Wehr gehört, von der Fahrhabe ausgeschlossen und in Steiermark kennt man noch im 17. Jahrhundert Begriff und Namen „Heergerath, Hergeweth" Beckmann 260.

Zunächst ob Forderungsrechte fahrende Habe sind. Wir erkennen sofort, wo der Zweifel liegt. Nach römischem Recht ist die Kategorie beweglich-unbeweglich nur auf körperliche Sachen anwendbar, darum sind Forderungsrechte nicht beweglich (allerdings auch nicht unbeweglich). Nach deutschem Recht ist aber diese Unterscheidung auf alle Vermögensobjekte anzuwenden und hiernach fallen Forderungen der Fahrhabe zu. Walther entscheidet sich für das geschriebene Recht (a. a. O.), wonach Forderungen nicht zur Fahrhabe gehören, wiewohl er zugeben muß, daß „die Regierung zu mehrmalen das Widerspiel für Lands-bräuchig erkennt",[1] weil er meint, daß „solcher Landsbrauch bey vielen Lands-Leuten zweifflich" sei. Püdler dagegen (a. a. O. § 2) anerkennt unbedenklich einen Landsbrauch, wonach Forderungen zur Fahrhabe gehören, und dasselbe tut wohl auch die OÖ Landtafel, wiewohl sie dieser Kontroverse keine Erwähnung tut.

Dagegen sind Walther und die Landtafeln darin einig, daß eine Forderung, für die ein liegendes Gut als Pfand gegeben wurde, Früchte, die auf dem Felde stehen, solange sie nicht abgetrennt, und Fische im Teich, solange sie nicht gefischt sind, zum unbeweglichen Gut gehören. (Walther a. a. O.; NÖ Ltf. a. a. O. § 2 u. 3; OÖ Ltf. 40 § 6—8.)[2] Es ist nicht schwer, in diesen Bestimmungen den Vorläufer des § 295 des österr. allg. bürgerl. GB. zu erkennen.[3]

Daran schließen sich noch zwei Bestimmungen, die uns zeigen, daß nicht das Moment der körperlichen Beschaffenheit, sondern der

---

[1] Solche Regierungsentscheidungen (und zwar zwei vom 27. September 1539 und eine vom 15. Mai 1551) überliefern uns Suttinger 228 f. und Weingärtler 98.

In Salzburg (Siegel 99) waren nicht nur Forderungen, sondern auch Bargeld vom Begriff der Fahrhabe ausgeschieden. Nach der Praxis der innerösterreichischen Regierung wurde unter besonderen Umständen gleichfalls Bargeld zum Immobiliarvermögen gerechnet. „Wann aber das meiste Gut einer Erbschafft in baaren Gelde bestehet oder wann das Geld auf jährliche interesse ausgethan ist, so wird solches Geld hier in Hertzogthum Steyr für unbewegliches Gut in sensu civili gehalten." Entscheidung der innerösterr. Regierung vom 28. April 1684. Beckmann 44, 332. Vgl. auch Finsterwalder IV obs. 1 n. 7—16.

[2] Ebenso in Salzburg Siegel 99.

[3] Für Innerösterreich bezeugt ganz die gleichen Normen über den Inhalt und Umfang des Begriffs „fahrende Habe" Beckmann 191. Ähnlich die Tiroler LO. 3, 41.

wirtschaftlichen Zweckbestimmung über die Frage der Beweglichkeit einer Sache entscheidet.

Das für verkaufte liegende Güter erlöste Geld, das nachweisbar dazu bestimmt war, wieder in Grundstücken angelegt zu werden, und ebenso das gekaufte Material zum Hausbau gelten als unbewegliches Gut. (Walther a. a. O.; NÖ Ltf. a. a. O. §§ 4 u. 5; OÖ Ltf. a. a. O. §§ 9 u. 10.)

Über die Fahrhabe in dem dargestellten Sinne wird nun in den Eheverträgen disponiert. Allein der Begriff bedarf noch einer weiteren Bestimmung. Es ist die Frage, die bereits bei Besprechung der Bestimmungen des „Zaigers" erörtert wurde, ob Gegenstand der Vererbung die Fahrhabe beider Gatten oder bloß des vorverstorbenen Teils sei. Solange der Überlebende die ganze Fahrhabe erhielt, war die Frage eigentlich nur wegen des Maßes der Haftung für Schulden des Verstorbenen von Bedeutung, nun aber, wo nicht mehr die ganze Fahrhabe auf den überlebenden Teil übergeht, wird die Frage für das Teilungsverfahren selbst von größter Wichtigkeit. Die Entscheidung der Frage ist aber eine prinzipielle für die ganze Gestaltung des Güterrechtssystems; bildet die Fahrhabe beider Teile eine Masse, dann haben wir es mit einer Mobiliargemeinschaft, wenigstens mit einer solchen für den Todesfall zu tun, erhält der Überlebende nur von der Fahrhabe des Verstorbenen etwas, ohne daß er die eigene in die Teilung einzuwerfen braucht, dann haben wir das System der Gütertrennung auch für das bewegliche Vermögen.

Walther (3, 2) erwähnt zunächst, daß in den Heiratsbriefen die Fahrhabe in dem einen oder andern Sinn verstanden werden kann, mithin daß die Auseinandersetzung entweder von dem Prinzip der Mobiliargemeinschaft oder von dem der vollständigen Gütertrennung ausgehen kann. Er sagt nämlich: Der fahrenden Haab halber werden die Heyraths-Brief auf mehr Weeg aufgerichtet, etliche werden dahin gestellt, daß der Wittib halber oder dritter Theil aus beeder Eheleut fahrenden Haab folgen soll, in welchem Fall die Wittib schuldig ist, ihre eigene Fahrnuß, als nemlich die, so sie ihrem Hauswirth zugebracht oder die in stehender Ehe durch Erbschafft oder in ander Weeg zugestanden oder ihr in währender Ehe durch ihren Hauswirth verehret worden (doch ausgenommen ihr Leibzierrath und Kleider), die in die Theilung auch kommen, zugelassen, also daß ihres Hauswirths und ihre eigene Fahrnuß verstanden wird, daraus ihr dann halber oder dritter Theil vermög des Heyraths-Briefs erfolget. Wann aber der Heyraths-Brief vermag, daß der Wittib nach Absterben ihres Hauswirths halber oder dritter Theil der fahrenden Haab folgen soll, so wird unter solchen Worten allein ihres Hauswirths Haab verstanden, daraus ihr der Wittib halber oder dritter Theil zustehen solle; also daß in solchem Fall ihre eigene fahrende Haab, so sie ihrem Hauswirth zugebracht, oder die ihr in stehender Ehe durch Erbschafft oder andere Weeg zugestanden oder ihr durch ihren Hauswirth verehret worden, in die Theilung kommen zu lassen, nicht schuldig ist, sondern es folgt solch ihre vorhandene Haab ohne Abgang samt dem halben oder dritten Theil ihres verstorbenen Hauswirths Fahrnuß.

Mit einer Deutlichkeit, die nichts zu wünschen übrig läßt, hat Walther, dem die NÖ Ltf. II 28 §§ 33, 34 fast wörtlich folgt, die beiden in Betracht kommenden Fälle auseinandergehalten. Im allgemeinen ist es der Parteiwillkür überlassen, das Mobiliargüterrecht nach dem einen oder andern System zu ordnen. Wir sehen aber aus der so deutlich gemachten Unterscheidung, daß es allemal präzis aufzufassen und strikte zu interpretieren ist, wenn Walther von der Fahrnis des Verstorbenen spricht, daß er damit die Fahrhabe des Überlebenden als eine besondere davon verschiedene Masse ausscheidet.

Für die Frage, welcher der beiden Standpunkte als der eigentlich gewohnheitsrechtliche anzusehen ist, entscheidet die Norm, die als suppletorisch gilt, wenn die Eheleute entweder über die Fahrhabe im Ehevertrag gar nichts verfügen (oder was dem gleichkommt, sich bezüglich der Fahrhabe auf das Gewohnheitsrecht berufen) oder wenn gar keine Eheverträge geschlossen werden. Für den ersten Fall gibt uns Walther 3, 5 (wörtlich gleich NÖ Ltf. III 87; OÖ III 40 § 11), für den zweiten Fall in 3, 19 (OÖ Ltf. III 40 § 18) Aufschluß.

Walther sagt in 3, 5: Ob ein Heyraths-Brief oder Heyraths-Vermächt aufgericht wird, darinnen der fahrenden Haab halber dahin beschlossen, daß es nach Absterben des Hauswirths dem Land-Brauch nach mit der Fahrnuß gehalten werden soll, so ist in solchem Fall der Land-Brauch: Wann der Verstorbene zuvor auch ein Weib gehabt, und Kinder, die Söhn oder Erb-Töchter seyn, bey ihr erobert, und dieselben hinter ihm verlassen, daß alsdann der Wittfrauen der dritte Theil, des verstorbenen Hauswirths fahrende Haab zustehen und folgen solle, wann der Verstorbene zuvor kein Weib gehabt, oder da er ein Weib gehabt, und von derselben keine Söhn noch Erb-Töchter vorhanden, so folgt der Wittib halber Theil der Fahrnuß. Ferner in 3, 19: „Wann ein Heyrath ausser einiger Heyraths-Vermächt beschieht, und daß hernach der Mann mit Tod abgehet, wo dann zuvor der Verstorbene auch eine Hausfrau und von derselben Söhn und Erb-Töchter vorhanden wären, so folgt der Wittib dritter[1] Theil des Verstorbenen fahrenden Haab, hat aber der Verstorbene kein Hausfrau zuvor gehabt oder da er eine gehabt und von derselben keine Söhn oder Töchter vorhanden wären, so folgt der Wittib halber Theil ihres verstorbenen Hauswirths Fahrnuß, was aber liegende Güter seyn, darvon ist man der Wittib nichts schuldig."

Wir bemerken, daß in allen Fällen ausdrücklich von des Verstorbenen Fahrhabe die Rede ist, womit gesagt ist, daß von den zwei Möglichkeiten über Fahrhabe zu disponieren, die Walther in 3, 2 erwähnt hat, nur die zweite, nämlich die Sukzession in des Verstorbenen Fahrhabe, infolgedessen Gütertrennung auch im beweglichen Vermögen als subsidiäres und damit als gesetzliches Güterrecht zu gelten habe. Auch in den in die Landtafeln übernommenen Stellen (NÖ Ltf. III 87; OÖ Ltf. III 40 §§ 11 u. 18) ist nur von der Fahrnis des Verstorbenen die Rede.

Der Fahrnisanteil der Witwe ist nun bei beerbter Vorehe des Verstorbenen auf ein Drittel, in allen andern Fällen auf die Hälfte festgesetzt.[2] Derselbe Anteil kommt dem Witwer aus dem

---

[1] In dem Druck von Walthers Traktaten (als Anhang zu Suttingers Consuetudines Austriacae, Nürnberg 1718) steht an dieser Stelle „halber". Dies ist jedoch sicherlich falsch. Denn abgesehen davon, daß in dem Falle der Richtigkeit der Bezeichnung „halber Teil" die Unterscheidung einer beerbten und unbeerbten Vorehe nicht erklärlich wäre, zeigt uns die parallele Stelle in Kap. 5, daß es „dritter Teil" heißen muß. Ferner enthalten die wörtlich daher entnommenen Stellen der NÖ (III 87) und der OÖ Landtafel (III 40 § 18) die gleiche Distinktion mit dritter und halber Teil.

[2] In dem oben erwähnten Falle, der mit Urteil vom 23./10. 1540 entschieden wurde (Suttinger 229) erhält die Witwe die halbe Fahrnis, ebenso in dem in Cod. Austr. II 108 ff. abgedruckten Heiratsvertrag.

In Salzburg ist ein bestimmter Fahrnisanteil nicht festgesetzt, es kommen die verschiedenartigsten, schwankenden Bestimmungen vor (Siegel 100 f.).

Nachlasse der Frau zu, indem die Bestimmungen für die Witwe sinngemäß auf den Witwer anzuwenden sind. Walther 4, 2; NÖ Ltf. III 82.

Eine besondere Bestimmung betrifft die Kleider und Kleinodien, die der Mann während der Dauer der Ehe der Frau gibt. Walther erklärt hierüber folgendes (3, 7): „Die Kleider und Kleinodien, so der Mann seiner Hausfrauen in stehender Ehe gibt, die folgen und bleiben nach seinem Absterben der Wittib und nicht des Manns Erben. Als auch ihr Koblwagen samt den Rossen, so deren vorhanden wären, die insonderheit darzu gehörig; nach Absterben des Manns seynd die Erben schuldig, die Wittib ziemlicher Weise mit Klag-Kleidern ohne ihr Entgeld zu versehen.“ Diese Bestimmung, die nach der Titelrubrik das umfaßt, „was der Wittib nach Absterben ihres Manns über ihr Heyraths-Vermächt noch weiter folgen soll“ — ist in die NÖ Ltf. III 88 § 2 und in die OÖ Ltf. III 40 § 12 übergegangen. Nach dem ganzen Zusammenhang (siehe auch oben die suppletorische Bestimmung, wonach die Witwe im Zweifel nur an des Mannes Fahrhabe einen Anteil erhält) kann hier nur von solchen Kleidern und Kleinodien die Rede sein, die nicht Eigentum der Frau sind, die ganze Bestimmung bedeutet also, daß aus des Mannes Fahrhabe (und wo vertragsmäßig der Witwe ein Anteil an der Fahrnis beider Gatten bestimmt ist, aus der gesamten Fahrhabe[1]) gewisse Gegenstände von vornherein zugunsten der Witwe ausgeschieden werden; sie bilden also einen „Voraus“, nach dessen Entrichtung erst die Berechnung des Anteils der Witwe stattfindet. Zweifellos haben wir in diesem Voraus, der sich durch die Beschaffenheit der dazu gehörigen Gegenstände bestimmt, den Rest einer einstigen Witwengerade.[2] Es ist bloß ein Rest einer Witwengerade, weil nicht alle Gegenstände dieser Beschaffenheit (weibliche Kleider

---

Dagegen kennt das steirische Gewohnheitsrecht dieselben Sätze wie das österreichische (Beckmann 560; vgl. auch 129, 191). In Tirol hat die adelige Witwe keinen Anspruch auf einen Fahrnisanteil, in den anderen Ständen erhält sie ein Drittel (LO. 3, 40).

[1] Diesen Fall erwähnt besonders NÖ Ltf. II 28 § 33.

[2] Vgl. Beckmann 129, 191, 260; Ogonowski 105. Siehe auch Finsterwalder IV obs. 3 n. 7—14, der im Anschlusse an Walther die Kleider und Kleinodien unter die bona materna reiht. Auch die Tiroler LO. 3, 40 kennt den Voraus der Witwe an Kleidern u. ä.

und Schmucksachen) für die Witwe ausgeschieden werden, sondern bloß die vom Mann während der Ehe für die Frau angeschafften, nicht also auch diejenigen, die der Mann etwa von seiner Mutter ererbte, nicht die zu anderen Zwecken angeschafften Frauenkleider. Nur die Witwe persönlich hat auf diesen „Voraus“ Anspruch, nicht auch ihre Erben. Denn an anderer Stelle sagt Walther (4, 3): „Wo aber der Hauswirth die Hausfrau überlebt, so wäre es meines Gedunckens beschwehrlich, daß die Kleider und Kleinodien, so er Hauswirth in stehender Ehe ankaufft, ihren Erben ausgefolget werden sollen.“ Anders ist natürlich die Sache, wenn der Mann diese Gegenstände „nicht blößlich ankaufft zu ihrer Zierd, sondern noch darzu eine ordentliche Donation übergeben und zugestellt worden seye“ (ebenda). Denn dadurch sind diese Gegenstände nicht mehr Mannesgut, sondern Sondergut der Frau geworden, auf das der überlebende Gatte keinen Anspruch hat. (Ebenso NÖ Ltf. III 88 § 2.)

Die vorstehend geschilderte Regelung der wittiblichen Ansprüche auf einen Fahrnisanteil sind die gewohnheitsrechtlichen. Sie gelten nicht nur subsidiär im Falle des Mangels anderweitiger Verfügungen, sondern sie scheinen auch in den Heiratsverträgen tatsächlich regelmäßig angewendet worden zu sein. Daneben gab es natürlich viele abweichende vertragsmäßige Regelungen. Auch hierüber geben uns die zur Kasuistik neigenden Bestimmungen der NÖ Landtafel Aufschluß. Wir hören, daß Abweichungen in bezug auf den Begriff der fahrenden Habe vereinbart wurden, indem einzelne Stücke von der Fahrnis ausgenommen wurden, besonders solche, „deren sie (die Eheleute) vermögligister seint oder die gegenchonpersohn in denselbigen sorten der varnuß ubertreffend“ (II 28 § 36). Außerdem kam es vor, daß die ganze eingebrachte Fahrnis vorbehalten und die Vererbung auf die künftige beschränkt wurde (II 28 § 37). Derartige Verabredungen tadelt Püdler, weil sie „viel krieg und disputat“ mit sich darüber brächten, was an Fahrnis vor der Eheschließung vorhanden gewesen und was später erworben wurde, namentlich da in Niederösterreich die Errichtung von Inventarien über die zur Zeit der Verehelichung vorhandene Fahrhabe nicht üblich war.

Auch in bezug auf die Größe des Fahrnisanteils kamen verschiedene Vereinbarungen vor. Es kam Verweisung auf den dritten oder vierten Teil (II 28 § 32) oder auch auf die Hälfte der Fahrnis vor (II 28 § 31). In diesen Fällen wurde regelmäßig die „gegenwertige und kunftige" Fahrnis, also die eingebrachte und errungene zusammen gemeint. Endlich kam auch die Vereinbarung vor (und das ist bereits eine Entartung der ursprünglichen Bedeutung des Instituts), den Fahrnisanspruch mit einer im Heiratsvertrag bestimmten Geldsumme abzufinden. „nemblich wo der preutgam vor seiner spons mit (sc. todt) abgeen wirdt, so sollen seine erben mit seiner varnus allerdings frei sein und der uberlebenden chonpersohn darfur ein gewisse summa pares gelts nach gelegenhait des vermögens geben, entgegen soll die prauth mit aller ihrer varnus frei sein, und also soll es auch in gegenwertigem fall reciproce gehalten werden" (II 28 § 38).

Endlich noch eine Bemerkung über den Charakter des Fahrnisanspruchs. Er war keineswegs ein Erbteil und darum mit keinerlei Haftung für Nachlaßschulden verbunden. Walther teilt nämlich für den Fall eines Anteils der Witwe an der Fahrnis ihres Gatten den „Gebrauch" mit (3, 18), „daß solche Schulden durch die Erben ohne Entgeld der Wittib gebührenden Theil der Fahrnuß aus dem übrigen des Verstorbenen fahrenden und liegenden Gütern entricht und bezahlt werden". (Ebenso OÖ Ltf. III 40 § 17.) Auch in Salzburg, wo im allgemeinen ähnliche Ansprüche der Witwe bestanden, fand eine Haftung der Witwe für Schulden des Mannes nicht statt (Siegel 102).

Diese Entwicklung zeigt uns, wie sich im Laufe der Zeiten das Verhältnis des überlebenden Ehegatten zur Fahrnis seiner Bedeutung nach vollständig ändert. Ursprünglich war eine Gemeinschaft auf den Todesfall vorhanden, der Überlebende nahm nach Ausscheidung gewisser Spezialmassen die ganze Fahrhabe beider Gatten. Dieser Anspruch reduziert sich auf einen bestimmten quotenmäßigen Anteil, die Spezialmassen verschwinden, es kommt wohl noch vor, daß unter Fahrnis die bewegliche Habe beider verstanden wird, aber nur, wenn das ausdrücklich bedungen wird, sonst besteht ein Recht nur auf einen Anteil an der nachgelassenen Fahrnis des Verstorbenen. An Stelle einer Mobiliargemeinschaft trat eine portio statutaria. Endlich wird diese in eine Geldforderung verwandelt, zunächst wohl nur vertragsmäßig, aber es scheint, daß aus diesem vertragsmäßigen Ersatz des Anspruchs auf Fahrhabe ein Gewohnheitsrecht entstand, welches den ursprünglichen Anspruch des überlebenden Gatten vergessen machte.

## IV. Sonstige Ansprüche des überlebenden Ehegatten.

### § 14. Gesetzliches Erbrecht.

Im allgemeinen hat der überlebende Ehegatte außer dem ihm vertragsmäßig zugewendeten Gut, dem „Vermächt“, nur auf die Fahrhabe Ansprüche. Von liegenden Gütern gebührt ihm nichts (Walther 3, 19). Ein gesetzliches Erbrecht unter Gatten gibt es nicht. Walther 1, 18: „Item wann sonst kein Erb vorhanden, so geben die Rechte zu, daß die Wittib ihren verstorbenen Hauswirth erben möge, welches aber der Landes-Brauch mit nichten zuläst, sondern die Erbschafft fällt in solchem Fall dem Fisco anheim.“ (Ebenso NÖ Ltf. III 80 § 8.) Ferner 4, 4: „Wiewohlen in Rechten verordnet ist, wann ein Weibsbild mit Todt ohne Testament abgehet und keinen Blutsfreund hinter ihr verläst, daß alsdann auf ihren Hauswirth ihre verlassene Güter erben und fallen sollen, so haben doch solche Recht in diesem Land nicht statt, sondern es wird mit ihrer Verlassung, als wie mit andern erblosen Gütern gehalten.“ Vgl. auch Weingärtler 157. Reutter tab. 12 n. 7 bemerkt zu der Bestimmung des gemeinen Rechts über das subsidiäre Erbrecht des Ehegatten: „In diesem Land wird das contrarium durchgehend observirt und fällt der verstorbenen Conperson Verlassenschaft dem fisco heim. Beckmann berichtet das gleiche vom „Steyerischen Lands-Gebrauch“ (130).

Auch eine Fruchtziehung aus dem Kindergut, das ja im wesentlichen mit dem hinterlassenen Sondergut des Erstverstorbenen zusammenfällt, verschwindet. Wir sahen oben, daß wir für den „Zaiger“ noch aller Wahrscheinlichkeit nach einen Beisitz des überlebenden Gatten annehmen dürfen, wie ihn zahlreiche andere gleichzeitige Quellen kennen.[1] Schon Walther sieht sich veranlaßt, die

---

[1] Der Laienspiegel kannte ihn noch ganz in der alten Gestalt. So fol. 42: Item Stürb aber ain man vor seinem weib on geschäfft | und ließ bey ir Eeliche kind | will dann die fraw unverruckt jrs wittiblichen stands und unendtricht jres heyratguts bey den kinden | als ir vormünderin sitzen | so mag sy mit jne das väterlich gut niessen und brauchen | und sollen jr sunst meer vormünder zugeordnet werden | mitt derselben radt soll die wittib der kind vätterlichen hab halben | wo sy mercklich oder groß wär | handeln unnd järlich rechnung

Frage: „Wann eine Frau mit Todt abgehet und ihr Gut ihren Kindern verläst, ob der Hauswirth als der Vatter die Fruchtnießung darvon habe?“ mit Rücksicht auf das Gewohnheitsrecht zu verneinen (4, 5). Und ihm fast wörtlich folgend bestimmt die NÖ Ltf. III, 83: „Die geschribnen rechten vermügen, das ein vatter seiner kinder mütterlich guet nach absterbung der mutter, solang er im leben, nutzen und genießen müge. aber dem lantsbrauch nach haben solche geschribne recht nitt statt, sonder der vatter ist schuldig nach absterben der muttern seinen kindern ihren mütterlichen erbtail ervolgen zu laßen, und mag ihme an solcher haab und guetern kein fruchtnießung zuziehen, es were dann sach, das ihme die mutter solcher haab und gueter fruchtgeniessung bis auf der kinder vogtbarkeit verschafft. So auch Weingärtler 9. Beckmann 519: „Der Vatter — hat nach seiner Frauen Todt seiner unmündigen Kinder Gütter h. e. bona materna quoad usumfructum jure Rom. zugeniessen ... Diese positio juris R. hat nach J.O. und österreichischen Landes Gebrauch regulariter kein statt. ... Weßhalben der vatter von diesen Güttern gar keine Fruchtgenießung zu erwartten noch zu praetendiren hat ...“ Lediglich die Verwaltung des Kinderguts bleibt dem überlebenden Elternteil in seiner Eigenschaft als Gerhab.

Daneben kamen allerdings lokale Gewohnheiten vor, die dem überlebenden Gatten einen Anteil am Nachlasse zuwiesen. Die Judikatur stellte sich diesen gegenüber auf den Standpunkt des Satzes: consuetudo est res facti. So gegenüber dem Recht des Markts Traismauer, nach welchem der Gatte zwei Drittel, die Erben ein Drittel erhielten (Suttinger 195 f.). Beckmann meldet im

---

thun | auch die kind so sy erwachsen | zu gaistlichem oder weltlichem stand bringen. Desgleichen ebenda fol. 43: Item wo aber das weib vor dem mann also gestorben wär | so mag er in aller hab unnd gutt seins weibs | die weil er lebt | sitzen | er verruck seinen wittiblichen stand oder nit | auch den genieß | mit ertzyehung und fürsehung der kind | daran haben. Also das die aigenschaft müterlicher hab den kinden beleib. Wölt aber das lebend eegemächt die kind alle oder ainßtails der abgestorben erbschafft in seinem leben entrichten | oder so es sein selbs leibs not auß rechter Eehafft zu bussen vermaint | das sol mit der kind vormünder willen und wissen fürgenommen und voltzogen werden | als gewonhait und recht ist.

Nach der Bayr. Ref. 44, 1 soll die Witwe „bey den kinden haußhabn“, solange sie „jren wittibstuel nit verruckht“.

Gegensatz zu der oben erwähnten Bestimmung, daß Ehegatten voneinander nichts erben auf S. 192, „daß hier in diesen J.O. Erbländern der löbliche Gebrauch sey, wann ein Weib mit ihrem Mann keinen Heyraths-Contract aufgerichtet, auch kein Testament gemacht, so gehört dem Weib post mariti mortem portio virilis juxta heredum numerum.“ Für Krain berichtet uns derselbe Autor (561), daß die Witwe die Hälfte der liegenden und fahrenden Güter ihres verstorbenen Mannes erbe.

## § 15. Letztwillige Zuwendungen.

Häufig kommen letztwillige Zuwendungen unter Ehegatten vor. Alle üblichen Arten solcher Verfügungen werden erwähnt: Erbeseinsetzung (Zaiger III 10 § 20; NÖ Ltf. III 15 § 2), Vermächtnisse und Schenkungen von Todes wegen (Walther 4, 3; NÖ Ltf. III 89 § 1f.; Weingärtler 95 u. 99; Reutter tab. 12 n. 8).

Wo kein Heiratsvertrag errichtet wurde, galt eine solche Schenkung unter Gatten als Heiratsgutsbestellung, daher die Witwe die Privilegien des Dotalanspruchs gegenüber andern Gläubigern hatte. So nach einer Regierungsentscheidung vom 22. August 1571 Weingärtler 99; Finsterwalder IV obs. 22 n. 11—12. Man kennt sowohl wechselseitige Testamente, die una charta errichtet werden (Regierungsentscheidung vom 2. Sept. 1628, Suttinger 804f.; NÖ Ltf. II 28 § 43; III 15 § 1; Beckmann 480), als auch Erbverträge (NÖ Ltf. II 28 § 44: Es ist auch dem lantsbrauch nit zuwider, bei denen heuratsabreden zu bedingen, wann ain thail auß beeden chonpersohnen könftig mit tot abgeen würd, das der ander sein haab und guet erben solle). Vgl. Finsterwalder IV obs. 6 n. 1 u. 7. Für die Kollision der letztwilligen Verfügungen mit dem Heiratsvertrag gibt die NÖ Landtafel ausführliche Normen, die ebensowohl für Verfügungen des vorverstorbenen Mannes wie der Frau gelten (III 15 § 11).

1. Enthält die letztwillige Verfügung einen ausdrücklichen („mit lautern worten“) Widerruf der vertragsmäßigen Zuwendungen, so hat der überlebende Gatte die Wahl, ob er auf dem Vertrag bestehen oder sich den letztwilligen Anordnungen fügen will. (II 28 § 12; III 15 § 7.) Diese Wahl gilt, sofern nicht mangelnde Dispositionsfähigkeit oder Willenmängel sie anfechtbar machen (III 15

§§ 9 u. 13), als unwiderruflich (a. a. O. § 8). So auch nach einer Entscheidung der Regierung vom 14. Nov. 1566 (Finsterwalder IV obs. 18 n. 3). Selbstverständlich hat der sich für die letztwillige Zuwendung entscheidende Gatte diese cum onere zu übernehmen (§ 14), und wenn das Testament nachträglich als ungültig erklärt wird, präjudiziert die getroffene Wahl dem Überlebenden insofern nicht, als er nunmehr die Ansprüche aus dem Heiratsvertrag geltend machen kann (§ 12). Das Wahlrecht findet auch statt, wenn der testierende Gatte genau dasselbe dem andern vermacht, was dieser ohnedies nach dem Vertrag zu erhalten hätte (§ 10).

2. Fehlt ein ausdrücklicher Widerruf des Vertrages und enthält die letztwillige Verfügung andere als die vertragsmäßigen Zuwendungen an den Überlebenden, dann kann dieser die vertragsmäßige und die letztwillige Zuwendung nebeneinander fordern (III 15 § 6; II 28 § 13).

Diese Bestimmungen sind einer Stelle von Walthers Werk De jure consuetudinario Austr. lib 2, 4 t. 16 entnommen, wie aus einem Zitat Finsterwalders IV obs. 18 n. 28 zu entnehmen ist.

Das unter 1. bestimmte Wahlrecht wurde auch in der Praxis angewendet, wie sich aus den Entscheidungen der n.ö. Regierung vom 14. November 1566 und vom 5. August 1568 ergibt (Suttinger 904).

## § 16. Der Wittibstuhl.

Als eine besondere Zuwendung an die Witwe außer dem Heiratsvermächt wird der „Wittibstuhl" erwähnt. Diese Witwenversorgung wird nur in der NÖ Landtafel erwähnt und zwar stammen diese Bestimmungen (nach Finsterwalder IV obs. 19 n. 5) aus Walther, De jure consuetud. Austr. lib 2 tit. 16. Nach II 28 § 47 ist auch bezüglich dieser Gabe vertragsmäßige Festsetzung in erster Linie maßgebend, ein fixes Gewohnheitsrecht über die Höhe des Wittibstuhls besteht nicht. Fehlt eine solche Verabredung, dann hat die Witwe nur bei dem Adel (dem Herrn- und Ritterstand) einen Anspruch auf Aussetzung einer solchen Versorgung, denn die Erben sind die Witwe „under dem herrnstant und adl mit einem wittibstuel zu versehen schuldig" (III 88 § 3) und dieser soll „nach lantsbrauch und gelegenhait ihres stants ausgezaichnet und gemessigt werden" (II 28 § 47). Seinem Inhalt nach bestand der Wittibstuhl oder

„Wittibsitz“ (Finsterwalder a. a. O.) in einem Ususfructus an den hierzu bestimmten Gütern des Mannes (Finsterwalder IV obs. 19 n. 11). Übrigens wird unter dem Namen dotalitium bald der besondere Wittibstuhl, bald die Widerlage verstanden und beide Institute werden dadurch miteinander vermengt. So bei Beckmann Art. Dotalitium (116 f.) und Widerlag (559).

## § 17. Abfertigung und Retentionsrecht.

Die Gesamtheit dessen, was der verwitwete Gattenteil zu fordern hat, heißt die wittibliche Abfertigung. Darunter begreift man ebensowohl die Gegenstände, die bereits bisher Eigentum des Überlebenden waren, als auch diejenigen Gegenstände aus dem Nachlasse des Verstorbenen, die dem Überlebenden zu Eigentum oder Nutznießung gebühren. Die Entrichtung der Abfertigung ist eine Pflicht der Erben. Der überlebende Ehegatte ist zur Auseinandersetzung nicht nur verpflichtet, sondern auch berechtigt. Die Auseinandersetzung ist an gewisse Termine geknüpft. In erster Linie ist auch hierfür der Heiratsvertrag maßgebend, bestimmt dieser hierüber nichts, so hat die Auseinandersetzung nach Landsbrauch zwischen Weihnachten und Lichtmeß (2. Februar) zu erfolgen (Walther 3, 6; OÖ Ltf. III 40 § 12). Daneben wird auch der „Dreißigste“ erwähnt. Nach der OÖ Landtafel ist er die Frist, vor deren Ablauf die Erben zur Auseinandersetzung nicht verhalten werden können. Nach der NÖ Ltf. III 85 § 1 haben dagegen Erben und Witwe auf Verlangen des andern Teils vor dem „Dreißigsten“ die Auseinandersetzung vorzunehmen. Verstreicht diese Frist, dann braucht sich die Witwe die Auseinandersetzung nicht vor der normalen Abfertigungszeit zwischen Weihnacht und Lichtmeß gefallen zu lassen (§ 2).

Bis zur Auseinandersetzung hat der überlebende Ehegatte ein Retentionsrecht an der gesamten Habe des andern.[1] Walther sagt

[1] Der „Zaiger“ hat ein solches Recht noch nicht gekannt, sondern nur den Anspruch auf einstweilige Alimentation (III 17 § 3): Ain jede wittib soll ain inventari ires mannß gelassen guet von stund an nach seinem abgang durch recht geschickht leut machen oder das guet mit vleis versperren, verpetschaden lassen biß zu crforderung und zuekhunft der erben und sich fur sich selbst darein nicht schlahen, will si uneer und nachtail an irem heiratgemächt und khunftigen zuefallenden erbschaft entfliehen. doch soll der wittib, was mittler zeit zu zimblicher warung gebürt, vergünt werden.“

hierüber folgendes (3, 1): „Ein Wittib ist ihres verstorbenen Hauswirths verlassene Haab und Güter seinen Erben abzutretten nicht schuldig, sie werde dann zuvor von ihnen ihres Vermächts und Zustellung ihres Heyrath-Guts, Widerlag, Morgengab oder geschenckten Guts, auch der fahrenden Haab und andern Vermögen ihres habenden Heyrath-Briefs gänzlich abgefertiget, und so lang sie nicht abgefertiget wird, folgen und bleiben ihr alle Nutzungen, soviel deren von ihrem verstorbenen Hauswirth verlassenen Haab und Güter biß zu ihrer Abfertigung gefallen." Und für den Witwer (4, 1): „Es ist auch der Hauswirth nicht schuldig, seiner verstorbenen Hauswirthin Güter (wo er die von seiner Hausfrauen innen hat) den Erben abzutretten, er werde dann zuvor Innhalt des Heyraths-Vermächt durch die Erben abgefertiget." (Ebenso NÖ Ltf. III 84 § 1; OÖ Ltf. III 40 § 2 bezw. NÖ Ltf. III 81 § 2; OÖ Ltf. III 40 § 1; Weingärtler 102ff.; Finsterwalder IV obs. 14 n. 9ff.) Für die wirkliche Anwendung dieses Retentionsrechtes in der Praxis haben wir zahlreiche Belege. Die „Wittib ist ausser vorgehender (Innhalt Heyraths-Brief) völliger Vergnügung die Possess der Güter nicht schuldig abzutretten." Entscheidungen der n.ö. Regierung vom 22. Juni 1596 und vom 19. Dezember 1599 (Suttinger 900). „Es bringt der Landsbrauch mit sich, daß eine jede Wittib als eine freye Satzgelterin biß zu ihrer Abfertigung bey der Possess zu lassen ist." Entscheidung der NÖ Regierung vom 8. Mai 1572 (Suttinger 901). Ähnlich auch Entscheidung vom 26. Sept. 1548 (Suttinger 903).

Diese Praxis schließt aber nicht aus, daß aus besonderen Gründen, wenn z. B. die Witwe ihre Ansprüche nicht genügend erweist oder der Nachlaß überschuldet ist und auch andere privilegierte Gläubiger vorhanden sind, eine Sequestration des Nachlasses eingeleitet wurde. So Entscheidung der n.ö. Regierung vom 12. Januar 1598 (Suttinger 900; Finsterwalder IV obs. 14 n. 29) und des o.ö. landeshauptmannischen Gerichts vom Jahre 1578 (Finsterwalder a. a. O.; Weingärtler 102). In Steiermark galt gewohnheitsrechtlich ein gleiches Retentionsrecht. Beckmann 560; ebenso in Salzburg, Siegel 101.

Dieses Retentions- und Nutzungsrecht erleidet für beide Teile gewisse Einschränkungen. Für den Mann dadurch, daß es sich nur auf das „zugebrachte" Vermögen erstreckt, nicht auf dasjenige, dessen Verwaltung die Frau vertragsmäßig der ehemännlichen

Gewalt entzogen hat, nach gemeinrechtlicher Terminologie bloß auf die Paraphernalia, nicht auch auf die Recepticia. Der Ehemann darf insbesondere nicht durch Selbstpfändung sich in den Besitz des Vorbehaltsguts setzen, um dadurch die Erben zur Vornahme der Auseinandersetzung zu nötigen (Walther 4, 1 a. E.; NÖ Ltf. III 81 § 3; OÖ Ltf. III 40 § 1). Das Retentionsrecht der Frau beschränkt sich aber, wenn die Verweisung und Versicherung ihrer Ansprüche im Heiratsvertrag auf „sondern Stuck und Güter", also durch Spezialpfand, erfolgte, auf diese Güter; sie muß „den Erben die Possess und Nutzung der übrigen ihres verstorbenen Hauswirths verlassenen Güter (darauf sie obverstandener massen nicht verwiesen) folgen lassen" (Walther 3, 1; NÖ Ltf. III 84 § 3; OÖ Ltf. III 40 § 3). Enthält dagegen der Heiratsbrief eine Generalverpfändung, so ist es gleichgültig, ob er in einer besonderen Klausel der Witwe auch das Retentionsrecht besonders einräumt oder nicht, sie hat es jedenfalls am ganzen Vermögen. (Siehe oben S. 20.)

Das Retentionsrecht umfaßt auch das Recht auf die Nutzungen der zurückbehaltenen Güter (außer den oben zitierten Stellen siehe noch Finsterwalder IV obs. 14 n. 19; Beckmann 560; Schwartzenthaler 239), nicht aber irgendwelche Dispositionsrechte. Die Nutzungen dienen dem überlebenden Ehegatten als einstweilige Alimentation, weil ja auch das ihm bei der Auseinandersetzung zufallende „Vermächt" Alimentationscharakter hat. Verzögern die Erben die Auseinandersetzung, so werden sie dem Gatten für das Interesse ersatzpflichtig. (Entscheidungen der n.ö. Regierung vom 26. Januar 1584, des o.ö. landeshauptmannischen Gerichts vom 29. Nov. 1593; Suttinger 901; Weingärtler 103; Finsterwalder IV obs. 14 n. 12—15.)

Das Retentionsrecht des überlebenden Gatten geht allen anderen derartigen Rechten vor. Insbesondere erstreckt sich dieses Recht auch auf diejenigen Güter, die der Erblasser bloß als Mieter oder Pfandgläubiger innegehabt hatte (Walther 3, 1; NÖ Ltf. III 84 § 6; OÖ Ltf. III 40 § 5); es gilt ferner auch in Konkurrenz mit Kindern aus einer früheren Ehe des Erblassers, auch wenn deren erstverstorbenem Elternteil das Retentionsrecht zugestanden wäre (Walther 3, 1; NÖ Ltf. III 84 § 5; OÖ Ltf. III 40 § 4), es geht dem Recht des Fiskus auf Geldstrafen und Vermögenskonfiskation vor (OÖ Ltf. III 39 § 12; Entscheidung der n.ö. Regierung vom 26. Sept.

1548, Bericht des Kammerprokurators Schwanser vom 31. August 1598 und vom 17. Juli 1602, Suttinger 903).

Der überlebende Ehegatte darf aber den provisorischen Zustand der Innehabung und Nutzung des gesamten Nachlasses nicht zu einem dauernden werden lassen, er darf ihn insbesondere nicht zu einem Beisitz ausdehnen. Darum hat er vor allem Sorge dafür zu tragen, daß der Nachlaß inventiert werde; unterläßt er dies, so verliert er Innehabung und Nutzung. (Walther 3, 1 u. 14; NÖ Ltf. III 84 § 4; OÖ Ltf. III 40 § 3; Polizeiordnung Ferd. I bei Suttinger 905; ebenda eine Entscheidung der n.ö. Regierung ohne Datum; Finsterwalder IV obs. 6 n. 20ff.; Beckmann 560.) Wenn die Erben unmündige Kinder sind, hat die Witwe auch für Bestellung von Vormündern Vorsorge zu treffen. Die Unterlassung dieser Pflicht kam öfter vor und bewirkte, daß das alte Beisitzverhältnis wirklich in Übung war. Walther berichtet nämlich (3, 15): „Es begibt sich zu mehrmals, daß die ungevogten Kinder, sonderlich wann sie im Land nicht befreundt seyn, langsam vergerhabt werden, mittlerweil bleiben die Mütter in ihren Gütern unabgefertiget, nutzen, würcken und gebrauchen dieselbe Innhalt ihrer Vermächt, die ihnen die Nutzung biß zu ihrer Abfertigung zugeben.“ Dieser Gebrauch wird jedoch verboten, und die Mutter, die die „Vergerhabung“ verzögert, wird den Kindern für die rechtswidrig bezogene Nutzung rechnungspflichtig (Walther a. a. O.; OÖ Ltf. III 40 § 15).

## § 18. Wiederverheiratung.

Die Eingehung einer zweiten Ehe hat regelmäßig keine Änderung der durch Auflösung der ersten geschaffenen Verhältnisse zur Folge und umgekehrt haben diese Verhältnisse auch auf das Güterrecht der zweiten Ehe keinerlei Einfluß. Immerhin sind einige Punkte in den Quellen besonders geregelt, namentlich sind Maßregeln zum Schutze der Kinder erster Ehe getroffen. Der „Zaiger“ bestimmt in dieser Hinsicht (III 10 § 17): „Ob ain wittib khind hat von dem ersten mann und nimbt ain anderen, so mag dem anderen mann nit mer zu heiratguet verschreiben noch vermachen dann sovil, damit den khindern ir mueterlicher gebürender rechtmässiger erbthail unverrukht beleibe. wo si aber abgieng und hat dem anderen man mer und anders, dann ietz vermellt ist, vermacht oder geschäftweis zuegestellt, das ime beleiben und nach irem und seinem abgang nicht wider auf die ersten khinder fallen sollt, desselben gemächts mag er nicht mer geniessen dann soviel, als der khind ainem aus unverschaftem müeterlichem guet geburt, so vil und nicht mer soll ime auch zuesteen. verlasst si aber auch khind bei dem andern mann, die thailen mit den ersten khinden das mueterlich erb gleich, und gewint der man auch nicht (mer), daz wierdet auch also gehalten mit dem wittiber so er wider heirat." § 18: „Ob aber solches varent guet ist, soll die varent haab geschäzt werden durch die, so bede thail darzue geben, und die mueter oder vatter sicherhait thuen, dieselb varent haab treulichen zu gebrauchen, und wann si abgeet, das dieselb oder der geschäzt wert darfür den khinden des ersten manns ôn minderung zuegestellt werden."

Der sich wieder verheiratende Gatte ist durch seine Kinder erster Ehe hiernach insofern beschränkt, als er nur so viel zur Ehesteuer bestimmen kann, daß dadurch der Erbteil der Kinder erster Ehe nicht beschränkt wird. Im Falle einer größeren Zuwendung soll der überlebende zweite Gatte nur einen gleichen Teil mit den Kindern (eine Intestatportion) erhalten. Das entspricht dem gemeinen Recht. Die Fahrhabe nimmt der wiederheiratende Teil in die neue Ehe mit, doch muß ihr Wert festgestellt und den Kindern erster Ehe für die künftige Restitution Sicherheit geleistet werden.

Die gleichen Bestimmungen wie der „Zaiger" in § 17 enthält die NÖ Landtafel (II 28 § 64) mit ausdrücklicher Beziehung auf die „geschribnen rechten". Doch fügt sie hinzu: Ob ein wittib kinder bei ihrem ersten ehemann erworben und sich nach seinem todt zu ainem andern verehelicht, so solle sie ihren ehemann von der kinder vätterlichen erb gar nichts vermachen, sunsten kundt das vermecht nit besteen. Vgl. Strein-Linsmayer II § 37. Dieser Zusatz ist vom Standpunkt der NÖ Landtafel, die die Inventierung und Auseinandersetzung mit den Kindern anordnet, eine überflüssige Vorsicht, er ist aber verständlich, wenn wir bedenken, daß ein Beisitz contra legem immer noch häufig vorkam (siehe oben S. 78).

Die OÖ Landtafel bestimmt in III 38 § 12: „Da aber aineß oder daß ander auß voriger ehe kinder hette, so soll solcher vatter oder mueter zur andern ehe mehrers nit alß daß damallen habendes halbe guet oder deßen werth zu verheirathen macht haben, damit auf nachmahlß begebenden fahl die kinder ihr gebürnuß zu suechen haben. welcheß zwar nit dahin zu verstehen, alß ob der vatter oder mueter, welche also zur andern ehe greift, mit ihrem guet gespört oder desselbigen nit völlige administration durch verkhauf und in ander weg durch ordentliche zuelaßige conträct solche zu verwenden oder andern zu vertestiren haben solte (dann sie mit solchem ihrem aignen guet, so lang sie leben, frei bleiben) sondern allain damit auf den khunftigen fall die kinder ihrer legitimae, so vil nach der eltern absterben gebürt, durch unzeitige heiratsabreden nit entzogen werde." Auch hier spielt die Besorgnis vor dem Wiederaufleben eines deutschen Rechtsinstituts, des Beispruchrechts der Erben, mit.

Eine besondere Norm über die Höhe der Widerlage überliefert uns Beckmann 117: „Wann unter Burger-Stands-Personen ein Wittiber ein Jungfrau heurathet, muß er ihr die Widerlag doppelt machen, ut duplo major sit dote, das rührt gleichsam her aus den oneribus secundarum nuptiarum." Das gleiche bestimmt der OÖ Tractat 4, 2 und fügt für den Gegenfall hinzu, daß eine Witwe, die einen „jungen Gesellen" heiratet, das Heiratsgut duplieren müsse. Bezüglich der Morgengabe hatte, wie oben bereits erwähnt (S. 35), die zweite Ehe zur Folge, daß der zum zweitenmal heiratende Teil keine Morgengabe erhalten kann.

Die Eingehung einer zweiten Ehe hat regelmäßig den Verlust der aus der ersten stammenden Vermögenszuwendungen nicht zur Folge. Dies gilt namentlich, wenn Heiratsgut und Widerlage „zu gesamter Hand" bestimmt wurden (NÖ Ltf. II 28 § 6), und für den Wittibstuhl (Dotalitium) vgl. Beckmann 117; Finsterwalder IV obs. 19 n. 5.[1] Ebenso verliert die Mutter nicht die Erziehung der Kinder durch die Wiederverheiratung. Walther 3, 12; NÖ Ltf. III 94; OÖ Ltf. III 40 § 14; Beckmann 561.

Eine Beschränkung trifft den überlebenden Teil, wenn der verstorbene Teil mit ihm in zweiter Ehe gelebt hat, und Kinder aus erster Ehe vorhanden sind, bezüglich des Anteils an der Fahr-

[1] Ein letztwilliges Verbot der Wiederverheiratung ist ungültig, eine Bestimmung, daß eine letztwillige Zuwendung infolge Wiederverehelichung verloren gehen solle, wird als nicht geschrieben angesehen. NÖ Ltf. II 27 § 40; OÖ Ltf. III 37 § 8. Dagegen ist eine vertragsmäßige Bestimmung, daß eine bestimmte Versorgung nur für die Dauer des Witwenstandes gelten soll, wohl zulässig.

habe. Ist nämlich bezüglich des Fahrnisanteils im Ehevertrag auf den Landsbrauch verwiesen, oder ist überhaupt kein Ehevertrag errichtet, dann erhält der überlebende Gatte, der sonst auf die Hälfte der Fahrhabe Anspruch hätte, bei bekindeter Vorehe des Verstorbenen nur ein Drittel. (Walther 3, 5 u. 19; NÖ Ltf. III 87; OÖ Ltf. III 40 § 11 u. 18.) Siehe auch oben S. 67. Noch mehr beschränkt Strein-Linsmayer (II 17 § 20) den zweiten Gatten des Verstorbenen („die jüngste Wittib“ und umgekehrt auch den Witwer), indem ihm nur ein Kindesteil, also unter Umständen noch weniger als ein Drittel zugewiesen wird. Dagegen wird das Retentions- und Nutzungsrecht des überlebenden Ehegatten durch den Umstand, daß Kinder aus einer früheren Ehe des Verstorbenen vorhanden sind, in keiner Weise beeinträchtigt. Walther 3, 1; NÖ Ltf. III 84 § 5; OÖ Ltf. III 40 § 4.

Über die Besonderheiten der Wiederverheiratung bei „gerönnter“ Ehe siehe unten S. 84.

---

## Dritter Abschnitt.

# Abweichende Güterrechtsordnungen.

### § 19. Einleitung.

Außer der bisher betrachteten Form des ehelichen Güterrechts, das einen Übergang aus einem System der Verwaltungsgemeinschaft in das Dotalrecht darstellt, kommen Güterrechtsordnungen vor, die eine Vermögensgemeinschaft zur Folge haben. Sie sind durchaus dem Willen der Parteien überlassen, und treten nur kraft Parteiwollens an Stelle der sonst geltenden Güterunterschiedenheit.[1] Im allgemeinen spielen sie in Österreich keine besondere Rolle; Rechtsquellen, Rechtsprechung und Literatur behandeln sie recht nebensächlich, meist gar nicht und beschränken sich oft darauf, Parteivereinbarungen in dieser Richtung für zulässig zu erklären.[2]

---

[1] Die Ausnahme betreffend die Errungenschaftsgemeinschaft siehe unten.

[2] So z. B. Finsterwalder IV obs. 6 n. 40 ff. Dieser Autor, der es nie versäumt, seinen theoretischen Auseinandersetzungen die geltenden österreichischen Normen entgegenzusetzen, erwähnt an dieser Stelle, in der er manches Schöne zugunsten der ehelichen Gütergemeinschaft zu sagen weiß, nichts von einem österreichischen Gewohnheitsrecht.

## § 20. Widmung des Gesamtvermögens zur Ehesteuer.

Ein Übergangsglied von der Güterunterschiedenheit zur Gütergemeinschaft bildet es, wenn die Frau ihr gesamtes Vermögen zum Heiratsgut bestimmt und der Mann dieses gleichfalls mit seinem ganzen Vermögen widerlegt.

Diesen Fall sieht die OÖ Landtafel (III 38 § 11) vor: „Eß mag auch der mann oder daß weib, so zusamen heirathen und kheine khinder in die ehe bringen, alle seine oder ihre güeter oder derselben ein thail zur ehesteur ordnen und machen, so eß allain mit der beschaidenheit geschiecht, daz, da sie in stehender ehe kinder mit einander erobern wurden, der überlebende thail dieselbige biß zu ihrer voggtbarkheit zu erziehen und zu underhalten, auch nochmahlen ehelich außzusteurn schuldig sein solle." In mehr gemeinrechtlicher Fassung erklärt Weingärtler (101): „Quantitas dotis non est de jure definita, inde mulier omnia sua bona in dotem dare potest." Das gleiche lehrt Finsterwalder IV obs. 8 n. 14.

Die Anordnungen der OÖ Landtafel gewähren ein eigentümliches Bild; bei Anwendung der bestehenden Güterrechtsformen wird materiell ein ganz abweichender Güterrechtsstand geschaffen. Das Charakteristische dieses Güterrechtsstandes ist das Fehlen eines Sondergutes und zwar sowohl auf Seite des Mannes, als auch auf Seite der Frau. Der Mangel eines Sondergutes der Frau bewirkt, daß das ganze Frauengut dem Besitze, der Verwaltung, Vertretung und Nutzung des Mannes unterliegt; damit ist die mittelalterliche ehemännliche Gewere am Frauengut und jenes Güterrechtssystem hergestellt, das wir als das der Verwaltungsgemeinschaft bezeichnen. Andrerseits entzieht sich der Mann durch die Widmung als Widerlage die Verfügung über sein eigenes Vermögen, beide Ehegatten sind somit nur in gegenseitigem Einverständnis über ihr Vermögen zu disponieren befähigt, mit andern Worten, es besteht Gesamthand. Nach dem Tod eines Gatten tritt nach der OÖ Landtafel Heimfall der Ehegabe an den Gatten, der sie widmete, und Leibzucht an der Gegengabe ein. Da diese Gegengabe den ganzen Nachlaß des Verstorbenen umfaßt, erhalten die Erben zunächst nichts, sie haben nur einen Anspruch auf Rückfall nach dem Tode des Längstlebenden. Ist die Ehe bekindet, so trifft den Überlebenden die

Pflicht, die Kinder zu erziehen, zu alimentieren und zu dotieren, das Verhältnis ist also Beisitz mit Verfangenschaftsrecht. Wir sehen — ehemännliche Gewere von Frauengut, Gesamthand, Beisitz und Verfangenschaftsrecht — das ganze mittelalterliche deutsche Ehegüterrecht lebt wieder auf, und es fügt sich doch so leicht und natürlich in den Rahmen des Dotalrechts ein.

Übrigens kann diese Vereinbarung nur getroffen werden, falls keiner der Gatten Kinder aus einer früheren Ehe hat. Ist dieses der Fall, dann kann er, wie oben gezeigt (S. 79 f.), höchstens das halbe Vermögen zur Ehesteuer geben.

## § 21. **Allgemeine Gütergemeinschaft.**

### a) Gerönnte Ehe.

Der OÖ Tractat berichtet im 3. Kapitel von der „Form kopf an kopf, so in gemein gerent heirath genent werden" folgendes: [1.] Verschreiben beede ehegemahl ainander all ir anliegend und varend haab und guet durchauß ganz und gar, doch nemen zu zeiten ihnen die ehegemahl etwas bevor, das ieren negsten gesibten erben für ier legitima fallen soll — alß wan eines stirbt, so felt und bleibet dem lebendigen alles des verstorbnen anligund und fahrend guet volkomblich bei einander, sie haben leibeserben mit einander oder nit — davon ist das lebendige des verstorbnen erben nit mehrers, alß was ihnen im heirats-contract ausgenomben oder vorbehalten ist worden, oder da ihnen nichts ausgenomben oder vorbehalten ist, gar nichts hinaußzugeben schuldig, sondern es behelt kinder und guet alles bei einander, aldieweil es sich nicht verehelichet. doch mueß er seine kinder, wo deren vorhanden, treulich zu gottesforcht, ehr und zucht auferziehen und mit aller leibs notturft versehen und unterhalten, und wan ein kind zu seinen vogtbarn jahren kombt und sich verehlicht, alßdan dasselbe mit ainem hairatgueth nach seinem vermugen aussteuren und betreuen, wie vatter oder mueter auß angeborner lieb vor gott zu thuen schuldig ist.

Diese Form ist der in der OÖ Ltf. III 38 § 11 (siehe oben S. 82) geschilderten sehr ähnlich, ja es ist sogar wahrscheinlich, daß die Stelle der OÖ Landtafel nichts weiter als ein in gemeinrechtliche Form gezwängter Konstruktionsversuch der in Oberösterreich üblichen

„gerönnten“ Ehen ist. Diese Form der Gütergemeinschaft war auch in den benachbarten Gebieten üblich. In Salzburg heißt sie „Renndlensheirath“ (Siegel 105ff.), in Steiermark „randlose Heyrath“ oder „randloser Weg“ (Beckmann 190).

Die gerönnte Ehe begründet Gütergemeinschaft zu Gesamteigentum (Siegel 106f.) nach dem Sprichwort „mein Gut, dein Gut“ (Beckmann 190 u. 327). Sie galt als der Frau sehr gefährlich, namentlich dadurch, daß diese hinter den Gläubigern zurückstehen mußte, und wurde daher, wiewohl sie zweifellos häufig vorkam, nicht gerne gesehen (Siegel 105; Beckmann 190).

Nach dem Tode eines Ehegatten erhält der Überlebende bei unbekindeter Ehe das Gesamtvermögen beider als freies Eigentum (OÖ Tractat 3, 1; Beckmann 327; Siegel 106); bei bekindeter Ehe erhält er gleichfalls das ganze Vermögen, doch muß er die Kinder alimentieren und aussteuern (Tractat 3, 1). Ein unbedingtes Verfangenschaftsrecht steht aber den Kindern nicht mehr zu (ein solches nimmt Siegel 107 für Salzburg an), sondern sie haben bloß Anspruch auf den Pflichtteil, über das übrige kann der überlebende Gatte durch Testament (Tractat 3, 4) oder Vertrag, also auch durch eine zweite gerönnte Ehe (Tractat 3, 3), verfügen. Hat er das nicht getan, so tritt nach seinem Tod Halbteilung zwischen den beiderseitigen Erben ein (Tractat 3, 3; Siegel 107). In Steiermark ist bei bekindeter Ehe der überlebende Teil auf die Hälfte des Nachlasses beschränkt, die andere Hälfte fällt den Kindern zu (Beckmann 327).

b) Andere Formen.

Eine andere Form der Gütergemeinschaft „nach Landsbrauch“ überliefert der OÖ Tractat im 2. Kapitel: [1.] Verschribend zwai eheleuth einander all ihr zusamen bringend, auch mit und bei einander gewinent, anligend und varend guet durchauß gleich halbs, sovil sie uber iere glaubiger uberig haben, wann nun der aine tail stirbet und verläst leibserben oder sonst seitenfreund hinter ime, so wirt des verstorbenen verlassung aufs treulichst geschäzt, und seine glaubiger von ungetailten guet sampt der grundobrigkeit gebürliche herr-forderung bezalt und abgericht. waß alsdan uber bleibet, das felt dem lebendigen halbs und des verstorbenen erben oder freunden auch halbs. doch wo kinder vorhanden, so hat das lebendig, wan es bei der besizung des guet bleibet, der kinder halbes guet unverthonlich inzuhaben und zue geniessen biß zu ierer vogtbarkheit. davon soll es die kinder ohne ieres guets schaden zu gottesfurcht, ehr und zucht auferziehen und mit aller leibs notturft versehen und underhalten, biß sie ier narung selbs erdienen und gewinnen mügen, alsdan zu ierer vogtbarkheit iederm sein gebürnuß gegen landbreuchigen verzicht und quitung bezahlen. da aber kein kind vorhanden, so ist daß lebendige des verstorbnen negsten erben oder freunden ihr gebürnuß halbs guet inner jarsfrist nach des verstorbnen abgang zu bezahlen schuldig, eß könne dan mit gebeth lenger frist bei innen erlangen.

Damit ist Gütergemeinschaft mit Halbteilung festgesetzt. Auch hier ist noch Beisitz während der Minderjährigkeit der Kinder vorhanden, doch steht es den Kindern und Verwandten des vorverstorbenen Gatten frei, falls nicht der Vertrag dem Überlebenden den Beisitz ausdrücklich zusicherte, den Gatten mit barem Geld abzufertigen (OÖ Tractat 2, 2). Eine gleiche Gütergemeinschaft mit Halbteilung („Leib an Leib, Gut an Gut") war auch in Salzburg üblich (Siegel 104). Ferner war es unter Ehegatten üblich, an ihren liegenden Gütern eine Vermögensgemeinschaft durch Übertragung der „Gewöhr" (Übergabe einer Besitzurkunde unter gleichzeitiger Eintragung ins Grundbuch) zu begründen. Geschah dies bezüglich aller Grundstücke und wurde im Ehevertrag bezüglich der Fahrhabe eine Gemeinschaft festgesetzt, so war damit eine allgemeine Gütergemeinschaft begründet. Nach Reutter (Tab. 19 n. 42ff.) waren dreierlei „Gewöhren" üblich: zu gleichen Teilen, auf gesamte Hand und auf Überleben.

1. „Wann zwey Conpersohnen oder Eheleuth zugleich Nutz und Gewöhr empfangen, gebühret einem Jeden das halbe Eigenthumb, darmit es frey disponiren kan" (n. 44). Die „Gewöhr zugleich" begründet auch nach den Regierungsentscheidungen (Suttinger 290f.) Miteigentum zur Hälfte; jeder Teil bleibt bezüglich seiner Quote dispositionsberechtigt, es hat nach dem Tode des einen keine Auseinandersetzung stattzufinden, weil diese schon bei der Übertragung der Gewöhr stattfand.

2. Bei Gewöhr auf gesamte Hand „kan eine der Conpersohnen ohne der andern Einwilligung mit dem Gueth nicht frey disponieren, weilen der überlebenden der Genuß des völligen Guets ad dies vitae

gebühret. Wann dieselbe aber auch mit todt abgehet, so fällt das Erbgueth auf beyder Conpersonen nechste Erben" (Reutter Tab. 19 n. 45). Der Ausdruck „Gesamthand" ist hier in demselben Sinn gebraucht, wie wir ihn bei den Bestimmungen über das Heiratsgut (siehe oben S. 54 f.) fanden. Er bezeichnet die Unzerteiltheit des Besitzes und Genusses des Gutes bis zum Tode des Längstlebenden, ohne daß dieser freier Eigentümer des Ganzen würde. „Gewöhr auf die gesammte Hand vermag so viel, daß der Uberlebende das Gut gantz unzertheilter beyeinander, doch unverthuendlich innen habe, und damit seinen Nutzen, wie gesamte Hand vermag, suchen und brauchen möge." Entscheidung der n.ö. Regierung vom 8. März 1600 (Suttinger 291). „Wann einer an gesammter Hand an Nutz und Gewöhr stehet, so gebühret ihme der halbe Theil eigenthumlichen." Entscheidung der n.ö. Regierung vom 15. Februar 1574 (ebenda).

3. Bezüglich der dritten Art sagt Reutter (Tab. 19 n. 46): „Die Gewöhren auf überleben haben vornemblich diesen effect, daß auf die überlebende Conpersohn das völlige Gueth immediate falle." Darin liegt der einzige Unterschied von der vorigen Art. Der überlebende Ehegatte wird freier Eigentümer des ganzen Gutes. Während der Dauer der Ehe beschränkt diese Art der „Gewöhr" die Ehegatten ebenso wie die „Gesamte Hand" dahin, „;daß der Ehemann außer seines Ehe-Weibs Willen nichts verkauffen kan". (Entscheidung der n.ö. Regierung vom 5. März 1639; Suttinger 291 f.)

Diese Gütergemeinschaftsarten erwähnt auch die NÖ Landtafel (II 28 § 41), indem sie berichtet, daß die Ehegatten diejenigen liegenden Güter, die sie außer den Ehesteuern besäßen, zwar regelmäßig zum Sondergut machten, dagegen diejenigen, die sie während des Ehestandes erwerben „das wirdt entweder auf uberleben oder gesamte hant oder zu gleichen halben aigenthumblichen tail bedingt."

Außerdem konnte Gütergemeinschaft auf den Todesfall auch durch Erbvertrag begründet werden (NÖ Ltf. II 28 § 44). Eine ganz merkwürdige Konstruktion für Gütergemeinschaftsformen hat Finsterwalder (IV obs. 16 n. 7), indem er sie unter die Kollation unterzubringen sucht, die nach seinem Bericht namentlich bei den Untertänigen in Österreich derart stattfinde, ut defuncto marito vel uxore conjunx superstes omnem suam substantiam, ac bona propria ex successione vel alio modo aquisita .... in communem haereditatem conferre, cumque liberis dividere et certa portione, parte scilicet dimidia, contenta esse debet.

## § 22. Partikuläre Gütergemeinschaft.

### a) Mobiliargemeinschaft.

Die Bestimmungen der Heiratsverträge und die suppletorischen gesetzlichen Bestimmungen über Fahrhabe wurden oben § 13 (S. 59 ff.) erörtert. Seit Walther beschränken sich die gesetzlichen Bestimmungen auf die Fahrhabe des zuerst sterbenden Ehegatten, die Fahrhabe des Überlebenden bleibt diesem frei, es ist somit von einer gesetzlichen Mobiliargemeinschaft keine Rede mehr. Dagegen war noch im „Zaiger“ die Sache so gedacht, daß die Fahrhabe beider Gatten eine einheitliche Masse bildete, und diese Art der Verfügung über Fahrhabe war nach den oben (S. 65 ff.) zitierten Mitteilungen der späteren Quellen im 16. Jahrhundert nicht selten bei Verträgen im Gebrauch. In diesen Fällen liegt eine Mobiliargemeinschaft wenigstens auf den Todesfall vor.

### b) Errungenschaftsgemeinschaft.

Im Mittelalter war bei unbeerbter Ehe die Errungenschaft samt der Fahrhabe an den überlebenden Gatten gefallen (Schröder II 1, 206 ff.; Hasenöhrl 133), während bei beerbter Ehe Beisitz des Überlebenden an den den Kindern verfangenen Gütern bestand. Für unsere Periode finden wir in benachbarten Rechtsgebieten das alte Recht fortbestehen, so in Bayern, wo bei einer Ehe ohne Geding, falls sie unbekindet war, dem überlebenden Gatten die halbe Errungenschaft als Eigentum, die andere Hälfte gegen Sicherstellung der Erben des Vorverstorbenen wegen des Widerfalls lebenslang zum Genuß zufällt (Ref. 44, 2). In Tirol findet in ähnlicher Weise ein Anteil an der Errungenschaft nur dann statt, wenn die Gatten kein Vermögen in die Ehe bringen. Bei beerbter Ehe findet Beisitz mit Verfangenschaftsrecht statt, bei unbeerbter Ehe erhält der Überlebende die gesamte Habe zu lebenslänglichem Genuß mit Widerfall je der Hälfte an die Verwandten des Mannes und der Frau, wobei jedoch das ererbte Gut für die Erben des Gatten ausgesondert wird, dem es zufiel. Wo aber ein Gatte dem andern mehr als 25 Gulden zubrachte, findet eine Gemeinschaft in der Errungenschaft nicht statt, es soll „das Weib noch ihre Erben ausserhalb Testaments zu dem gewunnen Guet keinen Spruch noch Forderung haben, sondern dasselb dem Mann und seinen Erben allein zuestehen" (3, 20). Die gleichen Bestimmungen für eine Ehe ohne Zubringen enthält der Entwurf einer salzburgischen Landesordnung (Siegel 103). Für Österreich finden wir weder im „Zaiger" noch bei Walther eine Andeutung, daß die Frau an der Errungenschaft einen Anteil hätte. Wir finden vielmehr sowohl in diesen Quellen, wie in den Landtafeln, soweit sie sich überhaupt äußern, für den Erwerb, daß er Sondergut der Gatten bleibt, und zwar gilt dies sowohl von Erbschaften, die einem der Gatten zufallen, als auch von Geschenken, die ihnen von dritter Seite gemacht werden (Finsterwalder IV obs. 6. n. 2—3).

Nach dem Tode jedes einzelnen erstreckt sich aber, wie oben (S. 59 und 71) erwähnt, der Anspruch des überlebenden Gatten außer auf vertragsmäßige und letztwillige Zuwendungen nur auf die Fahrhabe (Walther 3, 19 a. E.). Jeden Zweifel benimmt hierüber die folgende Stelle Walthers (De jure Austr. lib. 2 tit. 15, zitiert bei Finsterwalder IV obs. 6 n. 39, wörtlich übernommen in die NÖ Ltf. II 28 § 26): „Was ein Ehefrau über ihr vermachtes Heurat-Gut ihrem Ehemann zubringt, es sey gleich ligend oder fahrend, desgleichen was sie in währender Ehe ererbt oder sonsten rechtmässiger an Kauff erobert, mit denselben allen und ieden nindert noch nichts darvon außgenommen, ist sie gegen ihrem Ehewürth unverbunden und frey, mag auch darmit im Leben und Sterben handlen, thun und lassen nach ihrem Willen und Gefallen." Die NÖ Landtafel fügt noch hinzu (a. a. O.): „wie ihnen dann die frauen bei dem herrnstant und adl solche uberige haab und gueter in der heuratsabrede gemeinlich bevorhalten, auch dieselben mit gemasner bedingnus ausnemben." Walther fährt fort: „Hergegen ist der Ehemann, so viel er über die Widerlag und Morgengab in seinem Vermögen gegenwärtig hat, oder künfftig überkommt, gegen seiner Ehefrauen gleichfalls ledig und frey, und wird solches in Heuraths-Briefen auch gemeiniglich begriffen. Da aber solches Vorbehalt bey der Heurathsabred nicht bedingt noch beschlossen, so sollen dennoch beede Theil mit demselben ihren übrigen unvermachten Vermögen gegeneinander unverbunden und allerdings dem Lantsbrauch nach (under den herrn ritterstant, wie die NÖ Landtafel in der sonst wörtlich übernommenen Stelle II 28 § 27 hinzufügt) frey seyn."

Trotz der scharfen Betonung der Irrelevanz ist die bloße Existenz ausdrücklicher Eigentumsvorbehalte auffällig. Sie verweisen uns auf die Nachwirkung einer älteren Vorstellung, wonach der Eigentumsvorbehalt eine rechtliche Wirkung gehabt haben muß, wonach das zugebrachte und hinzugewonnene Gut der Frau, wenn auch nicht zu einem Gemeingut beider Gatten, so doch zu einem Gut wurde, das unter der vormundschaftlichen Gewalt des Mannes stand, über das dem Manne gewisse Verfügungsrechte zustanden. Wir sehen aber zugleich, wie aus der konstanten Praxis, eine derartige ehemännliche Gewalt über das Frauengut auszuschließen, bereits ein Gewohnheitsrecht geworden ist, neben dem die vertragsmäßigen Dispositionsvorbehalte zwar überflüssig sind, doch durch die Notariatspraxis fortgeschleppt werden. Das ehemännliche Recht an solchen vorbehaltenen Gütern ist damit nicht völlig verschwunden. Wir haben seine Reste oben kennen gelernt (S. 40 ff..)

Auf den durch Arbeit erzielten Gewinst wendete man die praesumptio Muciana des römischen Rechts an. (Finsterwalder IV obs. 6 n. 22 u. 39; Suttinger 197; Entscheidung der n.ö. Regierung vom 14. August 1583.) Nicht daß man etwa damit eine dem deutschen Recht fremde Vorstellung rezipiert hätte, es war der alte Satz, daß das unter der Vormundschaftsgewere des Mannes stehende Frauengut nicht wachse, der eine neue Form und eine neue Begründung erhalten hatte.

Was uns aber weiter auffällt, ist, daß die Bestimmungen der NÖ Landtafel, die die Gütertrennung feststellen, durchaus nicht allgemeines Landesrecht darstellen, sondern nur das Standesrecht des Herren- und Ritterstandes, also des Adels. Tatsächlich gibt uns die Püdlersche Landtafel Kunde davon, daß für die unteren Stände gewohnheitsrechtlich Errungenschaftsgemeinschaft mit Halbteilung bestand. NÖ Ltf. II 28 § 28: Bei der burgerschaft, gemeinen hauern und bauersleuten aber ist bißher ublich gehalten worden, wo sich die chonleut bei den versprechen solches ubrigen zubringens nit beredt noch verglichen, das ieder tail mit dem, so er zur zeit der verehlichung uber daz heuratguet, widerlegung und morgengab an ligend oder varenden haab und guetern gegenwurtig gehabt, frei bleiben, was sie aber mit einander in stehender ehe an ligendem oder varendem guet ererben, erobern oder sonsten rechtmessiglich uberkomben, daz gehört ihnen beden zugleich zu und solle, wo kein lezter wiell under ihnen aufgericht, halber tail dem uberlebendem, der ander halb tail aber des abgestorbnen leibserben oder, wo dieselben nit verhanden, seinen negsten blutsfreunden erfolgen."

Diese Mitteilung, die an sich nach allem, was uns über das österreichische Ehegüterrecht bekannt ist, sehr überrascht, ist um so auffälliger, als die anderen vorhergehenden und nachfolgenden Quellen von einer solchen Errungenschaftsgemeinschaft nichts zu berichten wissen. Weder im „Zaiger" noch in der OÖ Landtafel wird eines solchen Instituts Erwähnung getan. Walthers Traktat 3 läßt uns im Stich, weil er nur von der Abfertigung der Witwe „bey denen von Adel und Herrn-Stand" handelt. Linsmayer hatte bei seiner Bearbeitung der NÖ Landtafel den Püdlerschen Entwurf als Grundlage, macht aber das, was Püdler als Standesrecht des Adels erklärt, nämlich die Gütertrennung, zum gemeinen Landesrecht. Er hebt nur die Freiheit in der Wahl eines anderen Güterrechtssystems hervor und fügt hinzu, daß derartige Abweichungen unter der Bürgerschaft vorkämen. „Ware aber in deme die vergleichung austrukhlich anderst beschehen, wie auch under der burgerschaft etwo breuchig, da es dan sonsten disen unsern landsrechten und der billicheit nit zuwider, solle es bei demjenigen, wessen sich die conleuth selbst vergleichen, gelassen werden" (II 17 § 16).

Dafür fügt diese Redaktion der NÖ Landtafel an anderer Stelle (IV 12 § 4) mitten in der Lehre von dem Retentions- und Nutzungsrecht der Witwe folgende Stelle hinzu: „Ob zwai eeleüth zusamen khumen ône heirathguet und widerleg, auch außer sonderer berednus irer baider oder des andern armuet halber, wie mehrmals sonderlich under handwerchs- und andern gemeinen leüthen beschicht, und der mann stirbt hernach als der reicher vor dem weib ône geschäft, so solle auß seinem des manns selbst gewunnem verlaß seiner wittib sovill als der khinder einem frei zuestehn. wären aber kheine khinder vorhanden, solle si den halben thail solchs gewunnen guets haben in erwegung, das si in wehrunder conschaft selbst auch dazue geholfen.[1] was aber ererbts guet, das bleibt dem rechten bluetserben; doch sollen auch dieselbe davon einer solchen armen wittib, alß lang si unverheirath bleibt und sich erbarlich verhelt, die notwendige underhaltung raichen, ob si die von dem eroberten und gewunen ires thails nit haben khunte."

Im Widerspruch zu diesen Bestimmungen waren Theorie und Praxis einer Errungenschaftsgemeinschaft durchaus abgeneigt. Für die Theorie mögen die weitausholenden Erörterungen Finsterwalders (IV obs. 6) Zeugnis ablegen, der nach gründlicher Erwägung der Gründe für und wider eine Gemeinschaft am Erwerb und auf Grund massenhafter Zitate deren Unhaltbarkeit nach gemeinem Recht und nach österreichischem Gewohnheitsrecht dartut. Die Praxis aber spiegelt sich in den Entscheidungen der n.ö. Regierung wieder. So heißt es in einer Entscheidung vom 20. März 1652: „Und obwolen es ein Ansehen habe, als wann die Güter, die sich in wehrender Ehe in einem Haus befinden, wegen der Vermischung, als wann es gleiches Gut wäre, so werden doch dergleichen zwischen denen Con-Leuten nicht getheilt, fürnemlich wann sie anderwärts durch Verschaffung, Erbschafft oder Geschenck herrühren. (Suttinger 198; Finsterwalder IV obs. 6. n. 39.) Noch deutlicher sagt eine Entscheidung vom 2. September 1628 (Suttinger 199; Finsterwalder IV a. a. O.) von einem angeblichen statutum austriacum „als solten in Kraft desselben die Güter, welche die Eheleut in währendem Ehestand erobern, communia bona seyn, ist für das Erste kein solches Statutum Austriacum weder notorium noch erweißlich." Und unterm 30. Juli 1639 heißt es abermals: „Es ist nicht richtig, daß die in währender Ehe überkommene Güter beeder Eheleut ein gleiches Gut seyn solle." (Suttinger 200; Finsterwalder IV a. a. O.)

So bestimmt nun hiermit eine gewohnheitsrechtliche Errungenschaftsgemeinschaft abgelehnt wird, so wird doch allseits die Zulässigkeit und das tatsächliche Vorkommen von vertragsmäßiger Errungenschaftsgemeinschaft bestätigt. So heißt es in der oben zitierten Entscheidung von 1628 es finde sich „mehrmalen in denen Heyraths-Notlen diese Clausul, was beede Eheleut in währender Ehe erobern, das soll ein gesammtes gemeines Gut zu beeden Theilen seyn."

Der Widerspruch, der zwischen dem Püdlerschen und Linsmayerschen Entwurf einerseits, allen übrigen Nachrichten andrerseits liegt, dürfte in der Weise zu lösen sein, daß es in Bürger- und Bauernkreisen wohl üblich sein mochte, in Erinnerung an früheres Recht Errungenschaftsgemeinschaft vertragsmäßig aufzurichten, daß dies an manchen Orten so allgemein in Gebrauch war, daß Errungenschaftsgemeinschaft wenigstens dann, wenn die Gatten kein Vermögen in die Ehe mitbrachten, geradezu als selbstverständlich galt; die Opposition der rechtsgelehrten Theoretiker und Regierungsmitglieder erklärt sich aber aus ihrer Neigung für das römische Recht. Man suchte die Herrschaft abweichender Normen auf den engsten Rahmen einzuschränken.

Welcher Art aber vertragsmäßige Festsetzungen über Errungenschaftsgemeinschaft sein konnten, zeigt uns die NÖ Landtafel in II 28 § 41, wo es von liegenden Gütern heißt: „was sie aber in stehender ehe mit einander erobern, das wirdt entweder auf uberleben oder gesamte hant oder zu gleichen halben aigenthumblichen tail bedingt.“ Es sind also dieselben drei „unterschidlichen pactionen“, die über Heiratsgut und Widerlage geschlossen wurden (siehe oben S. 54 f.) und dieselben drei Verfügungsarten, welche uns Reutter als Arten der „Gewöhr“ (siehe oben S. 85 f.) überliefert. Am häufigsten scheint Halbteilung gewesen zu sein, sie galt auch suppletorisch, wenn ohne nähere Bestimmung vereinbart wurde, der Erwerb solle „ein gleiches Gut“ sein (Suttinger 200). Aber auch hier galt „interpretatio strictissima“ mit Vorzug der römischen praesumptio Muciana. Bei denjenigen Ständen nämlich, in denen eine eigene Erwerbstätigkeit der Frau nicht anzunehmen war, hatte diese nach Suttingers Meinung (S. 200) nicht die gleiche Portion wie der Mann zu fordern: „Addo et hoc . . . inter literatos vel eos, qui per officia haud dubio plus quam uxores acquirunt, . . . quod uxor vel ejus heredes in tali casu etiam expresso hoc pacto non possit petere aequalem partem, cum inter nobiles & literatos uxor ut plurimum plus consumat quam lucretur“. Finsterwalder (IV obs. 6 n. 39 am Ende) rezipiert diese Ansicht und fügt noch hinzu: res probatione haud indiget, testis cuivis sua propria experientia.

Druck von Metzger & Wittig in Leipzig.

MIX
Papier | Fördert gute Waldnutzung
FSC® C083411

Kolibri 360 GmbH
Ferdinand-Jühlke-Straße 7
99095 Erfurt, Deutschland
produktsicherheit@kolibri360.de